LA BARONNE

DE

CHATILLON

Ouvrage honoré d'un Bref de S. S. Léon XIII

2ᵉ ÉDITION, AUGMENTÉE ET ORNÉE

PAR M. LE CHANOINE

HENRI MONACHON

Aumônier de l'Orphelinat et de la Providence de Chambéry
Missionnaire Apostolique

CHAMBÉRY, IMPRIMERIE C. DRIVET

MDCCCXCII

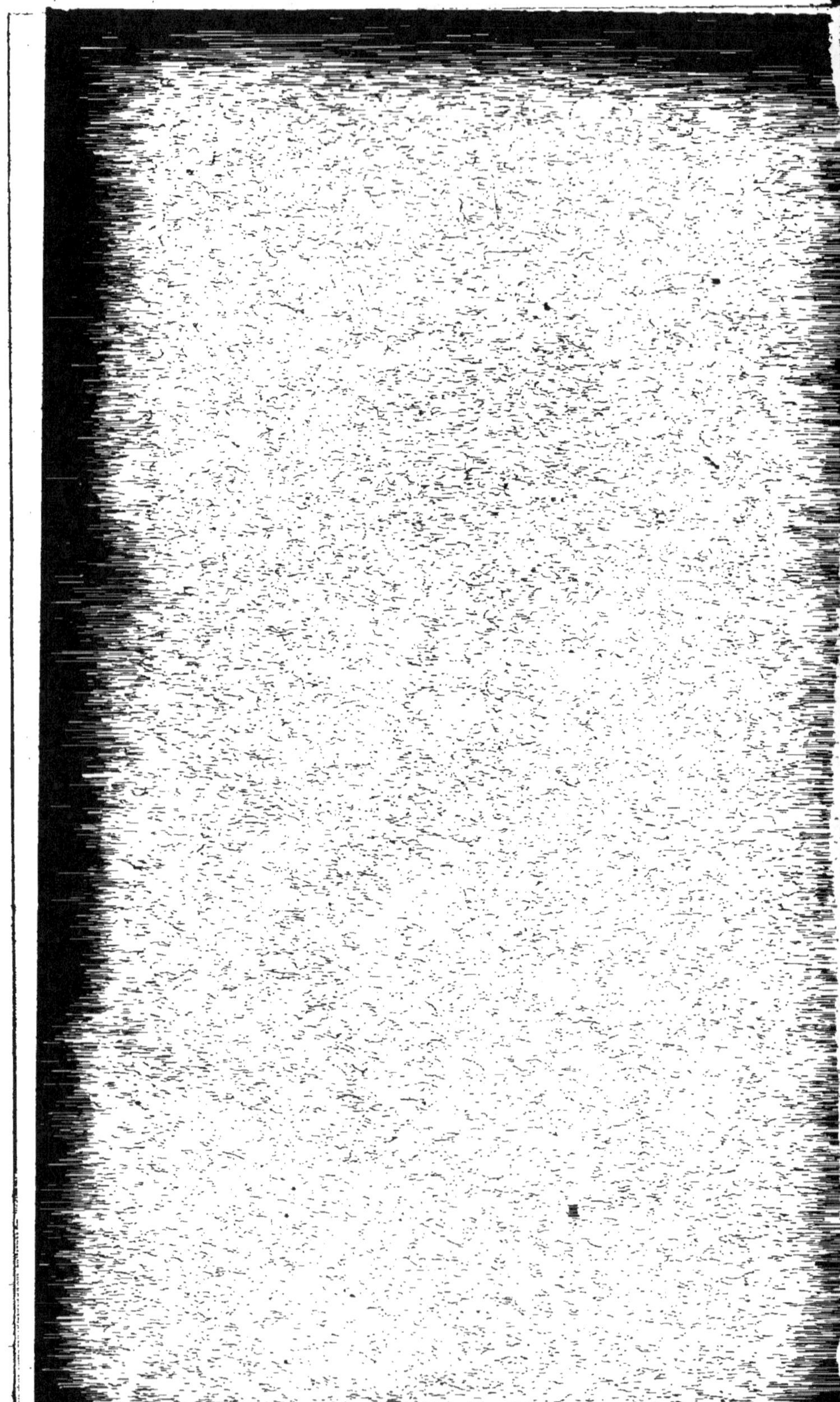

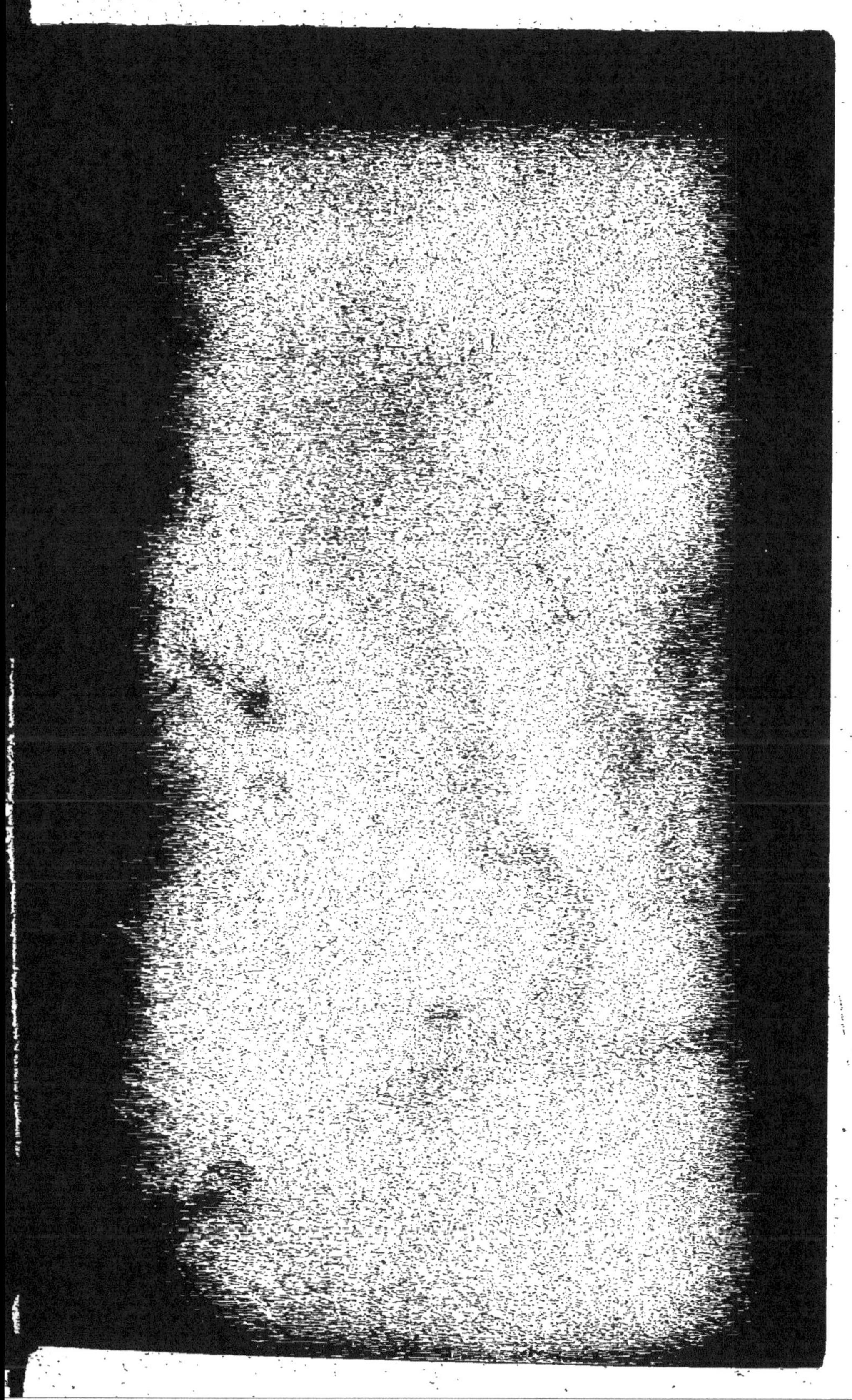

LA BARONNE

DE CHATILLON

REIMPRIMATUR :

Camberii, die 20 maii 1892.

† Franciscus Salesius Albertus,
Archiep. Camb.

LA BARONNE NOÉMI DE CHATILLON

*Si nous voulons avoir de quoi donner
au bon Dieu et aux pauvres, il ne faut
pas faire de dépenses inutiles.*

Bᵒⁿᵉ ᴅᴇ Cʜᴀᴛɪʟʟᴏɴ.

LA BARONNE

DE

CHATILLON

Ouvrage honoré d'un Bref de S. S. Léon XIII

2ᵉ ÉDITION, AUGMENTÉE ET ORNÉE

PAR M. LE CHANOINE

HENRI MONACHON

Aumônier de l'Orphelinat et de la Providence de Chambéry

Missionnaire Apostolique

CHAMBÉRY, IMPRIMERIE C. DRIVET

MDCCCXCII

Bref de S. S. Léon XIII

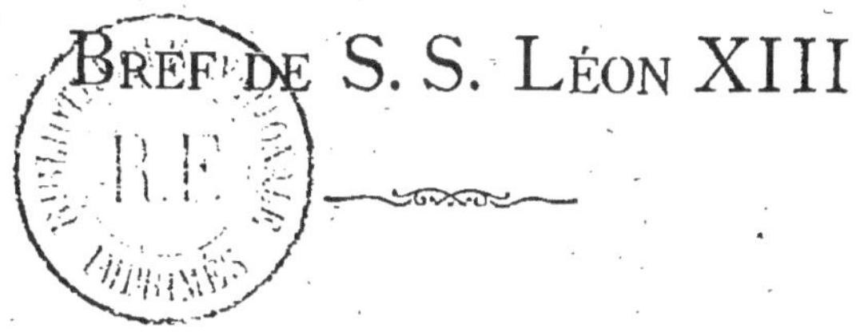

Très Révérend et très honoré Monsieur,

Notre Saint-Père le Pape Léon XIII a reçu le livre que vous avez publié sous le titre : LA BARONNE DE CHATILLON, et que vous Lui avez fait offrir en votre nom. La Dédicace placée en tête de l'exemplaire que vous Lui avez adressé prouve à Sa Sainteté que vous voulez, par cet envoi, accomplir un devoir de soumission filiale, et le témoignage des illustres Prélats qui ont recommandé votre œuvre, Lui a fait comprendre que vous vous étiez préoccupé, avant tout, d'inculquer à vos lecteurs l'imitation des exemples *et des bonnes œuvres qui ont signalé le veuvage de la noble Dame dont vous racontez la vie. Le Souverain Pontife ne peut que louer cette excellente intention qui vous a déterminé à écrire ; car, pour exciter les hommes à la vertu, les exemples ne sont pas moins puissants que les leçons, au contraire : les exemples sont d'autant plus efficaces qu'ils pénètrent plus profondément les cœurs, et s'y fixent de telle façon qu'ils sont capables de faire revivre le sentiment du bien et de la piété chrétienne, s'il est éteint; de le raffermir, s'il est languissant, et s'il est vigoureux, de le rendre plus fécond en fruits de salut.*

C'est pourquoi le Saint-Père vous fait savoir, par mon intermédiaire, qu'il a reçu votre travail avec plaisir.

Aussi, en témoignage de sa reconnaissance et de sa paternelle tendresse, et, en même temps, comme gage de l'assistance et des faveurs de Dieu, Il vous accorde très affectueusement la bénédiction apostolique que vous avez sollicitée.

Quant à moi, je suis heureux de porter ces choses à votre connaissance, et je saisis avec empressement l'occasion qui m'est offerte de vous exprimer les sentiments de considération avec lesquels je suis bien sincèrement, très Révérend et très honoré Monsieur, votre serviteur dévoué.

24 Novembre 1891.

Charles NOCELLA,

Secrétaire de Sa Sainteté pour les Lettres aux Princes.

Admodum Rvde Dne Obsme,

Redditum est SSmo Dno Leoni XIII volumen
quod titulum praefert : *la Baronne de Châtillon,*
a te typis vulgatum et missum, ut Sanctitati
Suae tuo nomine offerretur. Ex inscriptione a
te volumini praefixa agnovit Pater Sanctissimus,
te in eo libro mittendo filialis obsequii officio
perfungi voluisse, atque ex testimoniis claris-
simorum Antistitum qui tuum opus commen-
darunt intellexit, te operam studiose contulisse,
ut exempla et bona opera legentibus traderes
quae in viduitate Matronae illustris cuius vitam
narras, late enituerunt. Hoc optimum studium
quod te ad scribendum impulit, Summus Pon-
tifex suâ laude prosequitur, cum ad virtutem
hominum excitandam, operum exempla non
minus quam veritatis documenta valeant, immo
illa eo acriorem vim exerceant quod alte insident animo, et ita insident, ut ipsum recti pieta-

tisque christianae sensum vel extinctum revocent, vel languentem instaurent, vel vigentem ad divinos fructus uberius edendos adducant. Quare Pater Sanctissimus tibi meo ministerio significat, tuum munus libenter excepisse, ac dum tibi ipsius causa meritas gratias habet, in pignus etiam paternae dilactionis et in auspicium divini praesidii ac benignitatis Apostolicam Benedictionem quam postulasti, peramanter impertit.

Dum haec tibi significare gaudeo, oblata occasione libenter utor ut existimationis meac sensus tibi profitear, ac sum ex animo, tui admodum Rvde Dne Obsme.

Die XXIV novembris A. MDCCCXCI.

Devotus famulus,

Carolus Nocella,
SSmi Dni ab epitolis ad Principes.

LETTRES ÉPISCOPALES

Lettre de Mgr Charles-François Turinaz, Évêque de Nancy et de Toul.

ÉVÊCHÉ
DE
NANCY ET DE TOUL

Nancy, le 13 mars 1892.

Mon cher Ami,

Vous allez publier une seconde édition de la VIE DE Mme LA BARONNE DE CHATILLON. *Je vous félicite du succès de la première édition, et de la lettre que vous avez reçue de Notre Saint-Père le Pape. Cette lettre vous a décerné des éloges très précieux et vous a apporté les plus hautes* *bénédictions. Elle démontre que votre beau livre n'a pas seulement un intérêt local et restreint au pays où a vécu Mme de Châtillon, mais qu'il est destiné à faire partout beaucoup de bien.*

Vous présentez cette grande et vaillante chrétienne comme un modèle de la jeune fille, de l'épouse qui ramène à Dieu son mari, et de la veuve qui se consacre à la pratique des plus nobles vertus, et surtout d'une admirable charité. Je sais que des assemblées de femmes chrétiennes réunies pour des œuvres de piété et de charité, ont entendu avec la plus grande satisfaction, l'édification la plus complète, et parfois avec une vive émotion, la lecture de cet ouvrage.

Il est vraiment capable de toucher les âmes, de les élever à la pratique parfaite de l'esprit chrétien. Je n'en connais pas qui puisse être donné plus utilement en prix dans les Pensionnats, les Externats et les Ecoles de jeunes filles.

Vous avez d'ailleurs reçu vous-même, sur tous ces points, de nombreux et très consolants témoignages.

Je demande à Dieu de bénir cette seconde édition et de lui donner tous les succès.

Recevez, mon cher Ami, l'assurance de mon affectueux dévouement en Notre-Seigneur.

† CHARLES-FRANÇOIS,
Évêque de Nancy et de Toul.

Lettre de S. Em. le Cardinal Mermillod,
Évêque de Lausanne et de Genève.

Monthoux, par Annemasse (H^{te}-Savoie),
le 15 septembre 1890.

Cher Ami,

Merci de l'envoi de votre bon volume.

Je l'ai lu avec l'intérêt que méritent cette grande âme et son intelligent historien.

Merci encore et bénédiction.

† GASPARD, Cardinal MERMILLOD,
Évêque de Lausanne et de Genève.

Lettre de Mgr Charles-François Turinaz, Évêque de Nancy et de Toul.

ÉVÊCHÉ
DE
NANCY ET DE TOUL

Nancy, le 5 septembre 1890.

Mon cher Ami,

J'ai lu avec beaucoup d'intérêt et d'édification la Vie de Mᵐᵉ de Chatillon *que vous allez publier.*

C'est certainement une heureuse pensée que celle de rappeler le souvenir, les vertus et les œuvres de cette vaillante chrétienne. La génération qui l'a connue disparaît peu à peu, et cette génération elle-même retrouvera avec bonheur, dans votre récit, les actes de charité qu'elle a pu apprécier; et bien d'autres que l'humilité avait ensevelis dans l'ombre et le silence, lui seront révélés.

Votre livre a, en effet, cet attrait et cette valeur qui viennent du récit de faits nombreux, tous édifiants et touchants, et dont plusieurs sont vraiment admirables.

J'ai connu Mme de Châtillon à l'époque où elle avait complètement renoncé au monde, et j'ai été témoin de son infatigable activité, de son zèle ardent et de son inépuisable générosité. Il était évident, pour quiconque la voyait à l'œuvre, qu'elle puisait son inspiration, son dévouement, son influence parfois si puissante, dans sa foi vive, dans sa piété et dans l'amour de Dieu.

Rien ne lui coûtait pour soulager une infortune et sauver une âme; ou plutôt, tous les sacrifices que sa nature sensible et ardente rendait plus douloureux, étaient acceptés avec empressement et avec joie.

Dieu l'a conduite par de cruelles épreuves, par la voix royale de la croix, jusqu'au terme de la mission qu'il lui avait réservée.

Mme de Châtillon porta dans l'accomplissement de cette mission des qualités de premier ordre, mais aussi quelques défauts que la faiblesse humaine rend inséparables de ces qualités. L'énergie que rien ne déconcerte, le désir du bien qui domine toute une âme et toute une vie, et surtout la franchise complète, absolue, qui n'apprécie que la vérité et la justice, n'atteignent pas leur but sans faire subir quelque froissement et sans avoir, en certaines circonstances, l'apparence de la dureté et de l'obstination. Mais les résultats obtenus tôt ou tard, l'oubli de soi-même et la charité, poussés souvent jusqu'à l'héroïsme, finissaient par émouvoir et par gagner tous les cœurs.

La pauvreté volontaire que cette disciple fidèle de saint François d'Assise avait choisie pour se détacher plus complètement de la terre et pour donner davantage, ainsi que les privations qu'elle s'est imposées, sont dignes d'admiration.

Votre livre est donc un hommage rendu à de nobles, à de rares vertus, et un témoignage de reconnaissance pour tant de grandes œuvres. Il contient, sous une forme agréable et accessible à tous, l'enseignement de la charité chrétienne.

Recevez, mon cher Ami, l'assurance de mon affectueux dévouement.

† CHARLES-FRANÇOIS,
Évêque de Nancy et de Toul.

Lettre de Mgr Michel Rosset,
Évêque de Maurienne.

ÉVÊCHÉ
DE
MAURIENNE

Saint-Jean de Maurienne,
le 23 septembre 1890.

Cher Monsieur le Chanoine,

Je vous remercie de votre excellent et beau volume, LA BARONNE DE CHATILLON, *fondatrice de la Providence de Chambéry. C'est avec un vif intérêt et une grande édification que je l'ai lu. Vous montrez successivement, dans la vie de cette grande chrétienne, la pieuse fille qui fait la joie et la gloire de ses parents, et embaume le foyer domestique du parfum de ses vertus; la femme forte qui sanctifie son mari; la vraie veuve, la veuve irréprochable, qui ne cherche que Dieu, et fait de la prière et des bonnes œuvres son occupation continuelle.*

Oui, elle a réalisé d'une manière frappante le portrait que saint Paul a tracé de la vraie veuve. Que d'enfants elle a élevés pour Dieu ! quelle admirable hospitalité elle a exercée envers les malheureux sans abri ! quel religieux respect et quel inépuisable dévouement elle a montrés pour les ministres de Jésus-Christ et le Culte divin ! que d'affligés elle a secourus ! comme elle s'est appliquée à toutes sortes de bonnes œuvres !

Vous avez parsemé votre récit de traits sublimes, qui font resplendir l'héroïque charité de cette âme toute détrempée de l'amour de Dieu et de l'amour du prochain, et la rendent la digne émule du grand saint Martin et des plus belles figures du Christianisme. Ce spectacle remue profondément le lecteur, qui ne peut s'empêcher de verser des larmes d'attendrissement et d'admiration.

Dieu, voulant faire de cette chrétienne d'élite une copie vivante et parfaite de Jésus-Christ, l'a tenue, les dernières années de sa vie, dans le creuset des souffrances morales les plus cruelles, auxquelles il ajouta encore de grandes souffrances physiques.

Mme de Châtillon est vraiment le modèle des Dames de charité. On ne peut lire sa vie sans éprouver la joie que cause la vue des œuvres chrétiennes inspirées par la plus ardente charité, et sans sentir le besoin de devenir meilleur. C'est vous dire, cher Monsieur le Chanoine, que je vous félicite de tout mon cœur d'avoir composé le livre qui raconte une vie si sainte, et que je fais les meilleurs vœux pour sa diffusion.

Veuillez agréer, cher Monsieur le Chanoine, l'expression de mes sentiments bien respectueux et affectueusement dévoués.

† MICHEL,
Évêque de Maurienne.

Lettre de Mgr Adolphe Louis,
Évêque d'Autun.

ÉVÊCHÉ
D'AUTUN

Autun, le 5 décembre 1891.

Monsieur l'Aumônier,

Je n'ai pas eu l'honneur de connaître Mme *la Baronne de Châtillon. Mais j'avais souvent entendu parler d'elle par son digne frère, le Baron d'Anglejan, que nous avons perdu il y a un an, et qui fait un grand vide dans nos œuvres de zèle et de charité.*

Vous avez raconté la vie de cette admirable chrétienne, si digne d'être proposée en exemple à toutes les femmes que leur vocation appelle à vivre dans le monde. Elle a été l'édification

de la Savoie ; mais il était bien juste que quelque chose du mérite d'une vie si bien employée
revînt à notre vieil Autun, où elle avait reçu
le baptême et fait le premier apprentissage des
vertus inspirées par la Foi.

Je m'unis aux félicitations que vous ont adressées S. Em. le Cardinal Mermillod et NN. SS.
les Evêques de Nancy et de Saint-Jean de Maurienne, et je vous prie, Monsieur l'Aumônier,
d'agréer l'hommage de mes sentiments très dévoués en Notre-Seigneur.

† Adolphe Louis,
Évêque d'Autun.

La France en 1820

L'année 1820 est une date remarquable de l'éternelle lutte entre le Bien et le Mal.

D'une part, la Religion, délivrée de ses entraves, essayait de ressaisir sa salutaire et nécessaire influence sur les âmes.

Frayssinous prêchait ses conférences à Notre-Dame. La Mennais sondait avec vigueur les plaies de son temps, et, fustigeant l'indifférentisme et les préjugés vulgaires, inaugurait la réaction contre les erreurs de l'Encyclopédisme.

De Bonald relevait les véritables bases de l'ordre social par son ouvrage : *De la Théorie du Pouvoir*.

Chateaubriand avait ouvert une ère nouvelle pour la Religion et les belles-lettres.

J. de Maistre avait apporté un appui fécond à la rénovation chrétienne, et prédit la restauration de toutes choses dans l'*unité catholique par la souveraine et infaillible autorité des Pontifes Romains.*

Mais d'autre part, la haine des sociétés secrètes devenait de plus en plus menaçante. L'Encyclopédisme éditait des milliers de volumes impies.

Le Rationalisme relevait la tête avec plus d'audace que jamais.

Le dirai-je ! la vérité elle-même rencontrait des défenseurs qui la compromettaient. Dans un grand nombre d'esprits, le sens chrétien *énervé* par le Gallicanisme, supplantait pour longtemps la solide religion des Vincent de Paul et des François de Sales.

Mmes de Staël et de Genlis continuaient, par leur ascendant et la vogue de leurs écrits, les ravages de l'éducation à la Jean-Jacques Rousseau.

Une des grandes puissances de l'Eglise, à cette époque, fut le développement admirable des Congrégations religieuses, en particulier des Congrégations de femmes qui se consacrent à l'éducation de l'enfance.

Sans attribuer à l'une ou à l'autre de ces légions la victoire que toutes ensemble remportèrent, nous signalerons l'Institution des Dames du Sacré-Cœur, où fut élevée la grande chrétienne dont nous traçons la vie (1).

----

(1) La Maison des Dames du Sacré-Cœur de Chambéry a l'honneur d'avoir été fondée par Mme Barat elle-même. Elle arriva dans cette ville en 1818. Malgré de puissantes oppositions, elle parvint, après deux mois environ, à y établir un pensionnat sous la supériorité de Mme de Bigeu, dans le clos des Religieuses de Sainte-Claire-hors-ville, acquis avec les fonds fournis par Mme veuve André, née Sylvos. Deux ans après, le pensionnat fut transféré à Montgex, dans la maison de l'avocat Saillet, d'où les Dames du Sacré-Cœur ne tardèrent pas à venir se fixer définitivement en la belle résidence de Lescheraines, où elles dirigent aujourd'hui, avec leur habileté bien connue, un pensionnat de jeunes demoiselles et une institution de sourdes-muettes. (*Notice sur l'ancien Monastère de Sainte-Claire-hors-ville,* par M. le chanoine Trépier.)

Leur fondatrice, Mme Barat, venait à point apporter un concours précieux à l'œuvre nécessaire et décisive, à l'instruction et à l'éducation chrétienne des jeunes filles et, par conséquent, au grand mouvement religieux de ce temps, en s'emparant des jeunes générations, pour sanctifier les sources d'où découlent tous les biens, comme tous les maux d'un pays.

Ce n'est pas par un effet du hasard que Mme de Châtillon vint au monde dans ces temps troublés.

Dieu, qui marque l'heure et la place de chaque berceau, la destinait à être, dans le monde, une digne émule des Religieuses les plus charitables et les plus dévouées à l'éducation des enfants du peuple.

LA BARONNE

NOÉMI DE CHATILLON

NÉE D'ANGLEJAN

CHAPITRE PREMIER

Famille de Madame de Châtillon.

Ses dix premières années. — Sa naissance. — Son baptême.— Son entourage.— Son caractère.— Trait saillant.

Madame de Châtillon descendait des barons d'Anglejan, ancienne famille du Dauphiné, non moins distinguée par la noblesse de la vertu que par celle du sang. A l'époque de la grande Révolution, cette famille, qui comptait déjà au seizième siècle, fut providentiellement transplantée, vers l'an 1818, en Bourgogne, dans cette terre illustrée à jamais par la naissance de saint Bernard et de sainte Jeanne-Françoise Frémiot, baronne de Chantal.

Tous ses ancêtres avaient servi le Roi dans les rangs de l'Armée; plusieurs furent gouverneurs de la ville de Saint-Paul-Trois-Châteaux. Cette famille s'allia à la noblesse de ce pays, en particulier aux de Castelane, aux de Lhôtel de la Garde, aux de Meyssonnier, aux de Balatier-Latange, aux de Belléfon, aux Du Hamel de Breuil, aux de Villelume, aux de Besson des Blains, aux de Comeau de Charri.

Son grand-père, Marc-Joseph d'Anglejan, chevalier de l'Ordre royal et militaire de Saint-Louis, major à la première compagnie de Mousquetaires, avait pris part aux différentes guerres de Louis XV; il commandait en qualité de colonel à la bataille de Fontenoy, le 11 mai 1745.

Souffrant encore de ses blessures, très aimé dans le pays, il se décida à ne pas émigrer, et traversa sans accident les mauvais jours de la Terreur.

La Révolution l'avait surpris dans son château de Lamiraut, non loin de Vincennes.

C'est là que sont nés le père et les trois tantes de Mme de Châtillon.

Toutefois, la fortune de la famille, très réduite par le malheur des temps, leur imposait des sacrifices. La terre de Lamiraut fut vendue. Mme d'Anglejan, née Matel de Ternante, vint, après la mort de son mari, s'établir dans la vieille cité d'Autun, où elle avait marié sa fille aînée à M. de Gaudry, ancien page du comte d'Artois, allié à la *famille de saint Bernard*.

Son fils Antoine servait alors la France comme officier de cavalerie dans les Chasseurs des Vosges. Le baron Antoine d'Anglejan, chevalier de la Légion d'honneur, épousa, en janvier 1819, dame Pierrette Thiroux de Médavy.

Le premier enfant, fruit de ce mariage, fut la baronne Noémi de Châtillon.

Noémi naquit le 5 novembre 1819, à Autun, cité puissante sous les Césars, évangélisée par les saints Andéol, Thyrse et Andoche, premiers disciples du glorieux Polycarpe, disciple lui-même de l'Apôtre bien-aimé.

Baptisée, le lendemain, par Révérend Verdier, curé de la Cathédrale, sous les noms d'Henriette-Xavière-Joséphine-Noémi, elle eut pour parrain le comte Xavier du Rocher de Lamason, et pour marraine sa grand'mère, dame Henriette de Gaignon de Villène, comtesse de Médavy.

Le baron d'Anglejan, père de Noémi, avait en partage une foi robuste, une bonté et une droiture devenues proverbiales.

Sa mère était douée d'une belle intelligence et d'une grande piété.

L'aînée de ses trois tantes paternelles, Amélie, éminemment vertueuse, avait épousé le comte du Béau de Gaudry, type du gentilhomme, servant son Dieu et son Roi avec la même fidélité.

Henriette, mariée à M. de Lamason, unissait

à une vertu solide une grande intelligence et
un grand cœur.

Alexandrine, chanoinesse de Munich, douée
de l'esprit le plus fin, le plus gracieux, et du
cœur le plus généreux, était un modèle accompli de toutes les vertus, surtout de *l'oubli de
soi*. Elle mourut en *odeur de sainteté*, laissant
le souvenir d'une piété aimable et d'une inépuisable charité.

Tel est le milieu, profondément religieux,
tout imprégné d'idées élevées et de nobles
sentiments, où vont s'écouler les dix premières
années de Noémi.

C'est dire que sa première formation fut
chrétienne avant tout, sérieuse et aimable, à
l'abri des caprices et des adulations.

Semblable à l'arbre qui, planté dans un sol
riche et bien préparé, jette de profondes racines et monte rapidement vers le ciel, Noémi
grandissait à côté de son frère Edgar, plus
jeune de quinze mois, rayonnants tous deux

d'espérances, sous les yeux ravis de leurs parents.
Elle les aimait comme elle aimait le Sauveur
Jésus. La tendresse naturelle de son cœur s'ac-
croissait encore de toute la ferveur de sa piété.

Ses mouvements, sa parole, son regard, tout
en elle dénotait l'exubérance de la vie. C'était
la plante vigoureuse dans sa floraison. Toute
l'existence n'est-elle pas dans l'enfance, comme
tout le fruit est dans la fleur ? Les années les
plus riches ne sont-elles pas celles qui ont le
plus beau printemps ?

D'une précocité qui dépassait son âge, Noémi
éclatait en de fines et de vives saillies. De bonne
heure, sa finesse paraissait s'aiguiser d'une
pointe de malice à l'endroit des défauts, des
ridicules qu'elle observait chez les autres.

En même temps, se dessinaient les linéa-
ments d'un beau et noble caractère, que la discipline domestique et l'onction de la grâce
allaient perfectionner.

Ce qui caractérisa Noémi, ce fut le *bon sens*,

le maître de la vie humaine, comme l'appelle Bossuet, l'horreur instinctive du mensonge et de la duplicité, la franchise, la décision, l'énergie de la volonté et la bonté de l'âme.

La note dominante de cet harmonieux ensemble de qualités, fut *l'amour pour les pauvres*. On eût dit que la charité était innée en elle. Sa mère et sa tante la chanoinesse principalement, développèrent cette tendresse, en la conduisant chez les pauvres, dès l'âge de trois ans. La vue de la misère grava dans son cœur des impressions vives et fécondes. Aussi verrons-nous sa charité aller jusqu'à l'héroïsme !...

C'est par le cœur qu'elle vivra, c'est par le cœur qu'elle régnera, c'est par le cœur qu'elle souffrira au delà de ce que l'on peut dire; car quel est le grand cœur qui n'ait pas son martyre?

Avec la compassion envers les pauvres, Noémi montra aussi, dès son enfance, un goût remarquable pour la piété.

Ces heureuses dispositions, cultivées au foyer paternel, où la Religion tenait le premier rang, prirent un rapide et merveilleux essor.

Aussi à dix ans, Noémi se distinguait déjà par son instruction, la rectitude de son maintien, par la justesse de ses observations et de ses répliques, par la réserve de ses paroles et de ses interrogations.

CHAPITRE II

Son éducation au Sacré-Cœur.

*Pensionnat de Châlon. — Madame de Villarseau.
Sacré-Cœur d'Autun. — Couvent de la Visitation.
Arbre et stalle de Madame de Chantal. — Image
de la Sainte Vierge. — Mademoiselle d'Anglejan
au Sacré-Cœur. — Caractère de l'enseignement au
Sacré-Cœur. — Première Communion. — Sortie.*

Noémi avait à peine dix ans, lorsqu'elle
fut conduite à Châlon-sur-Saône, dans
l'institution de Mme de Villarseau, amie de sa
famille. Ruinée par la Révolution, cette noble
dame, au retour de l'émigration, s'était faite maîtresse d'école. Comprenant la grandeur de son
humble mission, elle s'y dévouait entièrement.
Elle aimait ses élèves comme ses propres filles.

Excellente mère par le cœur, Mme de Villar-seau, instruite par ses revers, s'attachait à donner à ses élèves une instruction sérieuse, capable de leur procurer, aux jours de l'épreuve, les moyens d'une honorable existence.

A cette école forte et douce, Noémi puisa les vrais principes de la vie chrétienne. Par ses progrès et ses amabilités, elle gagna bien vite l'affection de son institutrice et l'amitié de ses compagnes. Pleine d'entrain, elle se livrait à cœur-joie aux amusements; mais elle mettait autant d'application à l'étude que de gaieté aux récréations. Sachant allier déjà l'utile à l'agréable, elle revenait, comme naturellement, des jeux au travail.

L'âge de la première Communion arrivait. Ses parents, désireux de voir plus souvent leur fille unique et de la suivre de plus près, à cette époque décisive de la vie, la retirèrent du pensionnat de Châlon et la placèrent dans le milieu le plus favorable à ce grand acte, au Sacré-

Cœur d'Autun, situé dans le voisinage de leur hôtel (1).

Ce fut une bonne fortune pour la jeune élève, d'avoir pour Supérieure Mme Aglée Varin, type

---

(1) Le Sacré-Cœur d'Autun fut d'abord un monastère de la Visitation. Ce fut Mme de Chantal qui le fonda le 16 novembre 1624. Elle lui donna pour première Supérieure Mère Hélène de Chastelus, l'une de ses saintes compagnes. La Révolution expulsa les Visitandines et s'empara de leur magnifique monastère. Un décret impérial, daté de Saint-Cloud, 30 juillet 1810, le donna à la ville, qui l'aménagea pour recevoir des troupes.

En avril 1822, le couvent fut cédé à Mme Barat. L'acte définitif ne fut conclu qu'en 1841, au prix de 70,000 fr.

Alors, on admirait encore dans le jardin *l'arbre* sous lequel la Mère de Chantal avait coutume de s'asseoir pour faire ses conférences à ses filles, et dans la sacristie, plusieurs ouvrages confectionnés de ses mains. On remarquait dans la chapelle sa *stalle* et le tombeau de sa fille, Mme de Toulougeon.

On racontait que les murs s'étaient élevés au son de concerts extraordinaires qui semblaient venir du ciel.

On y vénérait aussi une vieille statue de la Mère de Dieu, portant l'Enfant Jésus dans ses bras. Selon la chronique du temps, sous la Terreur, un forcené, ayant tiré sur l'image de la Vierge, *l'Enfant détourna la*

4

remarquable de sagesse et d'autorité maternelle, des maîtresses d'une grande distinction, et pour aumônier un prêtre très habile dans la direction des âmes ; c'était celui qui avait entendu ses premiers aveux.

tête et prit l'attitude d'effroi et d'indignation qu'il conserve encore. (Vie de Mme Barat, par Mgr BAUNARD.)

Le monastère de la Visitation, tant de fois profané, n'offrait que des ruines, lorsque Mme Barat y envoya la Mère de Charbonnel pour les premiers travaux, et la Mère Victoire Paranque pour Supérieure de la nouvelle Maison. Deux élèves seulement, Elisa de Mac-Mahon et Aglée Varin, nièce du P. Varin, fondateur, commencèrent le pensionnat. Huit ans après, Mlle Aglée, devenue Religieuse du Sacré-Cœur, était Supérieure de cette Maison, qui comptait cent vingt élèves à l'arrivée de Noémi d'Anglejan, en 1831.

Les Dames du Sacré-Cœur quittèrent Autun pour s'établir à Moulins, en septembre 1857. Un peu avant leur départ, le baron d'Anglejan acheta d'elles l'hôtel et le jardin qu'il occupe actuellement, et qui ne sont séparés de l'ancien couvent que par un mur mitoyen. La maison du Sacré-Cœur fut cédée aux Oblats de Marie, le 21 août 1862. Ils en firent un établissement d'éducation de premier ordre. Dix-huit ans plus tard, ils en furent brutalement expulsés. le 4 mars 1880.

Comme à Châlon, Noémi se montra appliquée, docile, pieuse et charmante.

« Ma sœur, nous écrivait M. le baron Edgar d'Anglejan, sut d'abord s'attirer l'estime, l'affection de ses maîtresses et les sympathies de ses compagnes, par son esprit enjoué, surtout par son admirable franchise.

« Mes souvenirs me la représentent avec un large ruban bleu en écharpe, qui était décerné à la plus méritante sur le double suffrage des maîtresses et des élèves. Elle conserva cette nature ouverte, aimable, qui lui valut des amitiés qui lui sont restées fidèles jusqu'à la fin. »

Mlle Jeanne Gudin, une de ses anciennes amies de pension, nous écrit :

« Je voudrais pouvoir vous parler longuement des bonnes années de pension que j'ai passées avec ma chère Noémi, pour laquelle j'ai toujours eu la plus profonde affection. Elle était l'amie de toutes ses compagnes ; son caractère

franc et gai lui avait gagné toutes les sympathies.
Sa modestie nous a caché les qualités extraordinaires dont elle était douée, simple, fuyant
toute distinction (1). »

Dès son entrée, admise aux leçons de catéchisme préparatoires à la première Communion,
Noémi les suivit avec application. Sa prière
devint plus recueillie, sa soumission plus surnaturelle, ses pratiques de piété plus régulières
et plus ferventes. Elle se montra aussi plus
vigilante et plus généreuse encore à se corriger
des petits défauts qu'on lui faisait observer.

Elle écoutait avec avidité les avis et les exhor-
tations du vénérable aumônier. C'était en 1832.
Si le divin Amant de l'enfance mesure ses grâces
aux désirs et aux sentiments du cœur, quelles ne
furent pas ses effusions ineffables, en entrant
pour la première fois dans cette âme parée d'innocence et tout embrasée du feu de son amour !

---

(1) Nevers, le 9 novembre 1891.

« une joie que rien n'égale : *Je vous aime !!! (1)* »

A partir de sa première Communion, Noémi comprit mieux encore que la vraie piété ne consiste pas dans la sensibilité et la multiplicité des pratiques, mais dans l'esprit de sacrifice, dans le renoncement à soi, dans la fidélité aux devoirs de chaque jour et dans le dévouement pour le prochain.

Toute piété, en effet, qui ne repose pas sur ces principes, n'est qu'une sorte d'étiquette spi-

---

(1) Mme de Châtillon ne devait pas goûter toujours les douceurs eucharistiques. Jésus veut que ses privilégiés boivent au calice d'amertume. Le Thabor après le Calvaire, la béatitude souveraine après les larmes, la couronne après le combat, l'exaltation après l'humiliation : c'est la règle. Aussi, Mme de Châtillon, admise plus tard à la Communion quotidienne, disait à son Directeur : « De grâce, pas tous les jours, mon cœur est une terre « aride, desséchée ; j'ai beau répéter à l'Hôte divin : Je « suis une bûche de paille, mettez-y le feu, et la bûche « ne s'embrase point. Ce n'est que dans la visite au Saint- « Sacrement que la présence divine me saisit, m'absorbe « tout entière. »

En dehors de l'esprit de sacrifice, la piété n'a pas la

rituelle incapable de dominer et de transformer notre nature viciée.

Grâce à la solide piété, puisée aux leçons de l'abbé Dugrévil et du Sacré-Cœur, Mlle d'Anglejan saura rester fidèle aux pratiques de la vertu, lorsque le dégoût, les sécheresses envahiront son âme, lorsqu'elle ne trouvera rien dans son cœur qui corresponde à ces effusions d'amour sensible qui remplissent trop souvent les livres de piété de notre époque.

---

sève de la durée, ni la fécondité et la stabilité de la vertu. Elle s'en va avec les impressions, avec le goût de la prière, la ferveur d'une retraite, d'une communion.

La faculté de vouloir est la seule que nous possédions en propre, la seule dont nous disposions librement et toujours. C'est donc par *elle seule* que nous pouvons réellement mériter et démériter. Par elle nous pouvons vivre dans une union étroite avec Dieu, tout en étant privés du *sentiment de l'amour*. « La plus grande marque que nous puissions avoir, en ce monde, d'être en « la grâce de Dieu, écrit saint François de Sales, n'est « pas le *sentiment* que nous avons de son amour, mais « la *résolution absolue de ne jamais consentir à aucun péché, grand ou petit*. »

C'est confondre les mouvements du cœur avec les actes de la volonté.

Mme de Châtillon avait pour principe d'écouter aveuglément son guide spirituel. Elle croyait qu'obéir au prêtre, c'est obéir à Dieu lui-même, qui l'a constitué juge des consciences. Son obéissance était simple, prompte, sans réserve et sans inquiétude. Elle ne raisonnait point contre les conseils donnés et n'hésitait pas à les suivre (1).

Elle trouva toujours, dans cette habile et forte direction reçue dans sa jeunesse, les plus utiles lumières. Lorsque Dieu lui retira les joies de la

---

(1) Ne pas s'en remettre entièrement à ce que dit le confesseur, c'est orgueil et manque de foi. (Saint JEAN DE LA CROIX.)

Vous craignez quelquefois d'agir contre votre conscience lorsque vous agissez conformément à l'obéissance, il vous semblera même que vous péchez ; or, vous acquérez, au contraire, un grand mérite devant Dieu. (Saint BONAVENTURE.)

Jamais, avec l'obéissance, une âme s'est perdue : jamais une âme s'est sauvée sans l'obéissance. (Saint PHILIPPE DE NÉRI.)

piété et que son âme devint comme une terre aride et desséchée, elle se disait : « Malgré la froideur et l'insensibilité de mon cœur, je crois, ô mon Dieu ! que je vous aime, car ma volonté préfère votre service à tous les plaisirs de la terre, votre grâce est le seul bien que je désire. Je ne reçois votre Sacrement ineffable que par obéissance; je n'y trouve ni goût, ni consolation : cependant mon âme est affamée de votre amour. »

En cultivant son âme, Mlle d'Anglejan travaillait à sa formation intellectuelle.

Elle était à bonne école. Mme Barat a tracé les règles de la véritable éducation de la femme chrétienne. Proscrivant de l'enseignement tout ce qui n'est propre qu'à nourrir la *mondanité*, la *sensiblerie*, *l'imagination*, elle ne permet *qu'avec réserve la culture des arts d'agrément.* C'est dire l'excellence de l'éducation du Sacré-Cœur.

« Je crains pour la femme, — écrivait Fénelon

avant le comte de Maistre, — le goût du *bel esprit*. Son savoir doit se borner à ses fonctions.

« La science éclatante est-elle dans ses attributions ?

« Serait-elle même sans danger pour l'exercice de ses devoirs, la fleur de sa vertu et la délicatesse de sa distinction ?

« N'y a-t-il pas pour elle une réserve de savoir, une certaine pudeur d'esprit, qui est une de ses grâces ? »

Aussi, Noémi s'appliquait principalement à l'étude de la grammaire, de la littérature, de l'histoire, aux leçons d'économie domestique et de travail d'aiguille. Elle étudiait l'art de lire et de penser avec discernement, d'apprécier avec goût, d'écrire avec correction, de causer avec intérêt. Elle se précautionnait ainsi contre la lecture des romans, dont les *meilleurs ne valent rien*, au dire de saint François de Sales. Et comme on ne désire pas ce que l'on ignore, elle n'eut jamais l'envie de lire même des futilités.

Molière a ridiculisé les *femmes savantes*.
L'Esprit-Saint loue « la femme qui travaille le
« lin et la laine, et dont le conseil préside à l'ou-
« vrage de *ses mains*.

« Son époux se confie en elle, dit-il, car il
« voit les richesses s'accroître dans sa maison ;
« elle lui apportera le bien, et non le mal, tous
« les jours de sa vie.

« Elle se lève dans la nuit, distribue la laine
« à ses servantes, et donne sa tâche à chacune
« d'elles.

« Elle a vu un champ, et elle l'a acheté ;
« elle a planté une vigne du *fruit de ses*
« *mains*.

« Elle a ceint ses reins de force, et elle a
« affermi ses bras.

« Elle a compris et vu que ses œuvres sont
« bonnes ; sa lampe ne s'est pas éteinte durant
« la nuit.

« Elle a mis la main à de grandes œuvres,
« et ses doigts ont tourné le fuseau.

« Elle a ouvert sa main au pauvre, elle a
« tendu ses *deux mains* vers l'indigent.

« Elle ne craint pas l'hiver pour sa maison,
« parce que tous ses serviteurs ont deux vête-
« ments.

« Elle a veillé sur les siens et n'a pas mangé
« le pain de l'oisiveté.

« Cette *femme* est revêtue de force et de
« beauté; son dernier jour est plein de joie.

« Ses fils l'ont appelée bienheureuse; son
« époux s'est levé et l'a comblée de louanges,
« lui disant: « Plusieurs d'entre les femmes ont
« brillé par leur vertu, mais toi, tu les a toutes
« surpassées. »

Il y a dans ces paroles inspirées le type parfait
de la femme chrétienne que Mlle d'Anglejan
s'efforçait de reproduire.

CHAPITRE III

Son mariage.

Retour dans sa famille. — Elle se forme à la vie domestique et sociale. — Elle étudie sa vocation. Elle se marie. — L'abbé Rendu. — Le baron de Châtillon.

LE pensionnat est utile, souvent nécessaire. C'est l'école de l'ordre, de l'obéissance, de l'égalité, de la charité mutuelle; le stimulant à l'étude, à la vertu, à l'esprit de renoncement; le creuset où le caractère se forme aux exigences sociales.

Mais la pratique de la vie ne s'apprend bien qu'au sein de la famille. C'est là que Mlle d'An-

glejan applique les théories apprises en pension.

Elle s'étudie à penser, à juger, à parler, à agir
à l'instar de ses parents; à embellir leur existence, en se montrant heureuse d'imiter leurs
vertus, et de vivre auprès d'eux. Sous le regard
de sa mère, elle emploie son temps à l'utile
avant l'agréable, à gouverner le ménage, à mettre la main à tout, à diriger les domestiques
avec aménité et douceur.

Elle se forme aux relations sociales en imitant sa mère, en goûtant ses observations;
aussi, s'attirait-elle dans la société « des admi-
rations qu'elle ignorait. »

Elle trouva, en rentrant dans sa famille, un
certain nombre de jeunes filles de la ville dont
les parents étaient les amis des siens. Nature
ouverte, droite, aimante, elle gagna bientôt leurs
sympathies. Ces jeunes filles se réunissaient
souvent pour des soirées de famille. Noémi,
malgré des délassements souvent trop *légers en*

eux-mêmes (1), sut conserver toute sa ferveur. Les consolations de l'amitié chrétienne étaient les seules qu'elle affectionnait. Un seul cœur, une seule âme semblaient animer Mlle d'Anglejan et son frère, plus jeune qu'elle de quinze mois.

« De retour à la maison, se fortifie entre ma sœur et moi cette intimité absolue, cette communauté d'idées qui ne devaient se briser qu'à la mort (2). »

Chaque année, ils allaient ensemble passer quelques semaines à Montfort-l'Amaury, chez leur grand'mère, la comtesse de Médavy.

La petite ville de Montfort, à douze lieues de Paris, dans Seine-et-Oise, était devenue le rendez-vous des vieilles familles ruinées par la Ré-

---

(1) On ne peut user sans péril du monde et de ses joies, même légitimes, qu'à la condition d'en user modérément, par stricte convenance, avec esprit de foi. Car l'air qu'on y respire est mauvais ; il modifie insensiblement l'aspect des choses, la réalité de la vie ; il dissipe l'esprit, égare l'imagination, atteint mortellement le cœur.

(2) Baron d'Anglejan.

volution, dont plusieurs s'étaient connues pendant l'émigration et qui s'étaient groupées là pour partager ensemble leurs souvenirs et leurs regrets. Il y avait entre autres : les de Chambord, les de Polignac, les de Lanfrenay, les de Milan, les de Riancourt. Tout ce monde a laissé dans les souvenirs de Mme de Châtillon un parfum de bonne compagnie, de distinction parfaite, de noblesse, de respect et d'élévation.

Tous, ou presque tous, avaient eu une jeunesse riche et opulente ; le déclin de la vie leur apportait une médiocrité qu'ils savaient orner et supporter avec gaieté.

La comtesse de Médavy habitait près des ruines d'un vieux château-fort, au sommet de la colline, sur les pentes de laquelle la ville s'étage gracieusement. Plus tard, elle acheta, dans la même ville, un hôtel du célèbre harpiste Niedermann, professeur des *Enfants de France*.

Ecoutons ici un témoin, M. le baron d'Anglejan, son frère :

« Ma sœur et moi nous aimions à rappeler les beaux jours écoulés à Montfort-l'Amaury. Comme nous les retrouvions vivants, tout parfumés de ce que nous avions vu et entendu ! Maintenant, hélas ! je suis seul à me souvenir, et Elle !!... elle est allée revoir ceux dont j'aime la douce mémoire.

« Mais au milieu de toutes ces figures, celle de ma grand'mère les domine toutes. C'est la dernière vraie *grande dame* que j'ai connue. Elle était d'une distinction sans égale ; sa vie s'était écoulée, tant avant que pendant l'émigration, dans le monde le plus élevé. Sa conversation simple, aisée, émaillée de souvenirs et d'anecdotes spirituelles et piquantes, avait un charme incomparable. Je sais que, pour ma part, alors que j'étais bien jeune cependant, j'ai souvent préféré passer ma soirée en tête-à-tête avec ma grand'mère, plutôt que d'aller m'amuser au dehors.

« Elle vivait dans sa retraite de Montfort, en

5

compagnie de sa seconde fille, Mme Herménie, chanoinesse de Munich. Ces dames échangeaient leurs souvenirs, qui intéressaient vivement ma sœur et moi. Venaient souvent les raviver, les anciens compagnons de leur passé, des parents qui, mieux partagés par la fortune retrouvée après l'émigration, habitaient Paris. Nous y avons rencontré souvent les Juigné, les Pracontal, les Deslors, les Froissard, et tant d'autres.

« Tout ce monde agrémentait la conversation d'anecdotes intéressantes, de souvenirs variés de joie et de tristesse, sans aigreur sur un passé accepté comme une épreuve.

« Ma tante de Médavy, la chanoinesse, était la bonté par essence ; elle avait pour ma sœur et pour moi une tendresse un peu aveugle, qui lui valait les algarades de ma grand'mère.

« Voilà le milieu dans lequel a été élevée ma sœur. A Autun, un père d'une bonté et d'une droiture légendaires ; une mère d'une piété et d'un esprit remarquables ; une tante, Mme de

Gaudry, et son mari, infiniment distingués et bons ; la tante chanoinesse, type de toutes les vertus, surtout de la charité envers les pauvres.

A Montfort-l'Amaury, deux femmes : l'une, d'une distinction absolue de tout son être ; l'autre, brillant par sa bonté et le talent avec lequel elle faisait ressortir les grandes qualités de sa mère.

« Ne trouvez-vous pas que ce milieu, particulièrement élevé comme idée et comme éducation, composé de gens que l'adversité avait mûris, acceptant sans amertume le changement complet apporté à leur existence, avait déteint sur ma bonne sœur, qui savait si bien supporter les privations ? »

Mlle d'Anglejan s'adonnait à l'utile et à l'agréable avec l'*entrain de sa nature*. Elle aimait la bonne société, les soirées divertissantes, mais elle y plaisait plus qu'elle ne s'y plaisait. Les joies paisibles du foyer allaient mieux à son cœur : « Mes moments les plus délicieux, disait-elle, se sont passés avec mon père, ma mère, ma grand'mère, mes tantes et mon frère. Rien n'est bon, rien n'est suave comme le sein d'une famille chrétienne, si ce n'est la visite dans la maison des pauvres que je faisais avec ma tante Alexandrine. Maintenant, je comprends que la visite seule au divin Prisonnier de l'amour l'emporte en délices. »

Mais la trame de la vie n'est pas toujours tissue de fils d'or. Le Paradis terrestre a fait place à une vallée de larmes, semée de ronces et d'épines. Nul n'en fait la traversée, sans être agité par quelques orages.

Mlle d'Anglejan avait vingt ans : c'était l'heure de choisir son chemin dans la vie.

Convaincue de l'importance du choix d'un état de vie, elle demande à la prière, à de sages conseils, les lumières nécessaires pour discerner sa vocation. Cependant, après beaucoup de ferventes supplications, de réflexions sur elle-même, aucune voix ne se faisait entendre : elle laissa donc la décision de son sort à ses parents.

Bien loin de désirer de s'en séparer, elle redoutait d'entendre la parole qui dit à Abraham : *Sors de ta terre et va dans la région que je te montrerai.*

A la première ouverture de mariage que lui fit son père, son cœur fut alarmé. La pensée de la séparation la suffoqua au point qu'elle ne put répondre. Revenue de son émotion, elle dit : « Je sais que vous m'aimez, mon père, et que vous voulez mon bonheur. Décidez comme il vous plaira, j'accepterai celui que vous aurez choisi. »

Le prétendant à la main de Mlle d'Anglejan était le baron Rambert de Châtillon, sénateur au Sénat Royal de Savoie. Il fut reçu dans la maison sous les auspices de M. l'abbé Louis Rendu, nommé, deux ans après, évêque d'Annecy (1). Dès l'abord, le jeune et brillant sénateur

---

(1) L'abbé Rendu, sacré évêque le 9 avril 1843, fut d'abord élève très distingué au Grand Séminaire de Chambéry, successivement professeur de littérature, de physique et

gagna toutes les sympathies par la distinction
de ses manières, le charme de son langage,
l'aménité de son caractère et l'agrément de sa
personne. Quelques entrevues suffirent pour
faire fixer le mariage à une date rapprochée.

---

de mathématiques, supérieur du Collège Royal de cette
ville, réformateur des études et visiteur des écoles primaires de la Savoie. Ecrivain habile, son premier ouvrage,
*Influence des lois sur les mœurs et des mœurs sur
les lois*, et sa lettre de 300 pages (8 mai 1848) au roi de
Prusse Frédéric-Guillaume IV, sur la *Situation religieuse de l'Europe*, révèlent son talent. Orateur à la
diction brillante, à la logique irrésistible, aux gestes saisissants, à la voix superbe et sympathique; évêque
puissant en paroles et en œuvres, tout à son diocèse et à
l'Eglise, il descendait, avec ses diocésains des montagnes,
aux entretiens noblement familiers et les plus pénétrants.
Ses lettres pastorales renferment, avec un charme de
parole, une défense de la vérité merveilleusement appropriée à son temps. Il menait de front les combats de la
vérité, l'administration de son diocèse, les plus hautes
spéculations métaphysiques et les études sociales.

« Monseigneur Rendu, a dit Louis Veuillot, avait un
grand esprit, un grand cœur et une grande bonté; il était
savant géologue et habile écrivain. »

Il mourut le 28 août 1859, âgé de 70 ans.

La bénédiction nuptiale fut donnée en présence d'un cortège distingué et ému, dans la cathédrale d'Autun, par le même prêtre qui avait préparé la jeune épouse à la première Communion. C'était le 6 mars 1841, fête de *sainte Colette*, dont Mme de Châtillon deviendra, vingt-quatre ans plus tard, la *fille* spirituelle, par son affiliation au Tiers-Ordre de Saint-François d'Assise.

CHAPITRE IV

Sa nouvelle famille (1).

Son accueil dans la société savoisienne. — Sa con-
duite dans le monde. — Pratique de l'aumône.
Joséphine. — Ses enfants adoptifs.

MADAME de Châtillon quittait avec larmes
la maison paternelle, où elle avait passé
les plus beaux jours de sa vie. Les déchirements
de cette première séparation furent profonds.
Les espérances qu'on lui donnait ne comblaient
pas le vide qui se faisait dans son cœur, et les
illusions, qui ne pouvaient demeurer longtemps

---

(1) Les Rambert de Chambéry, barons de Châtillon,
comptent parmi les familles les plus honorables de la
Savoie. Plusieurs se distinguèrent au service de l'Eglise,
de l'Armée et de la Magistrature :

dans un esprit aussi élevé, commençaient, en disparaissant, à lui laisser entrevoir la sévère austérité de la vie.

Elle savait que la vie à deux est une servitude honorable, dont les chaînes, pour être d'or,

---

1° NICOLAS RAMBERT, le premier que nous voulons signaler, fut un célèbre jurisconsulte, avocat des Pauvres au Sénat de Savoie, conseiller de Son Altesse Royale. De son mariage avec Suzanne Julian, célébré dans l'église de Saint-Léger de Chambéry, le 23 février 1669, il eut deux fils : Jean-Louis et Jacques.

2° JEAN-LOUIS RAMBERT devint colonel de cavalerie et gouverneur des pages de la Cour de Turin.

3° JACQUES RAMBERT, très versé dans les sciences ecclésiastiques et dans les matières de la jurisprudence, fut chanoine de la Sainte-Chapelle de Chambéry, vicaire général et official de l'Evêque de Grenoble dans le décanat de Savoie. Après le Concordat de 1727 entre la Cour de Turin et celle de Rome, le roi Victor-Amédée II le nomma à l'Evêché d'Aoste. Consacré par Benoît XIII, il prit possession de son siège le 8 février 1728. Mgr Rambert a laissé des Mémoires sur les actions les plus éclatantes et les droits les plus précieux de la Royale Maison de Savoie. (GRILLET, *Dictionnaire de la Savoie*.)

4° JACQUES RAMBERT, mort le 8 avril 1745, fut également sénateur au Sénat de Savoie. Sa piété, sa justice

n'en sont pas moins pesantes ; que le mariage est semblable au rosier qui, parfois, ne porte pas de fleurs, et toujours beaucoup plus d'épines que de roses. Elle allait cependant trouver dans sa nouvelle famille, avec la fortune et de nobles

---

et son intégrité le rendirent recommandable à sa patrie.

5· Jacques Rambert, un autre membre de cette famille, fut Cordelier Observantin, savant professeur de théologie au Collège Royal de Chambéry. Doué à un degré éminent des charmes de l'éloquence naturelle, il prêcha à Lyon, à Paris, à Turin, avec le succès le plus heureux ; sa logique était pressante, sa diction pure, ses discours pleins d'érudition et d'entraînement. Ses nombreux manuscrits contiennent des sermons éloquents, de savantes dissertations théologiques, des informations précieuses sur les mœurs et la civilisation des différents peuples des Alpes, qui portèrent ensuite le nom de Savoisiens.

6· François-Joseph Rambert, baron de Chatillon, né le 7 décembre 1707, juge-mage du Faucigny, président au Sénat de Savoie, 1776, épousa Marie-Rose de Livron de Beauséjour, fille de Balthazar et de Péronne-Nicoline Déchat de Loisinge, le 23 janvier 1744.

Il acheta aux de Seyssel la baronnie de Châtillon en Chautagne, le 22 février 1756.

La seigneurie, composée des paroisses de Chindrieux, de Ruffieux et de Vions, lui fut concédée le 19 avril

traditions, toutes les distinctions de l'esprit et du cœur. Anténor, son mari, maintenait dans son éclat le lustre que ses ancêtres avaient légué à sa maison par la culture des sciences, des lettres et des beaux-arts. Il aurait voulu faire

------

1777. Il mourut à l'âge de 72 ans, le 3 septembre 1781.

7° HYACINTHE-ROSE-BAPTISTE RAMBERT, baptisé le 15 juillet 1758, dans l'église de Saint-Léger, épousa Adélaïde d'Alexandry d'Orengiani. Les vingt dernières années de sa vie, il mena une vie d'ermite dans son manoir de Châtillon. « Il sentait son bonheur, et il le chantait ; il a écrit un poème intitulé : *Mon Lac et mon Château.* C'était l'Horace rustique de ce Tibur sauvage. Ses vers ne manquaient ni de grâce, ni de sentiment ; ils réfléchissaient la sérénité d'une âme calmée par le soir de la vie, comme son lac réfléchissait lui-même son donjon festonné de jasmins et de lierres. »

8° BALTHAZAR-LOUIS-ANTONIN RAMBERT, fils du précédent, né et baptisé à Chambéry le 31 juillet 1809, d'abord brillant avocat, puis sénateur, présida avec un succès remarquable la première session des Assises de la Haute-Savoie, après l'Annexion. Il avait épousé Mlle Noémi d'Anglejan. Il mourut sans postérité, le dernier de sa famille, le 14 décembre 1860, à l'âge de 49 ans. Le titre de Châtillon est passé à Robert d'Anglejan, aujourd'hui capitaine-commandant au 6e régiment de Cuirassiers.

goûter à son épouse plus de joies pures qu'il n'en ambitionnait pour lui-même. Mais il n'appartient pas à l'homme de donner le bonheur, il ne peut qu'y contribuer accidentellement.

Le baron de Châtillon avait perdu son père ; mais dans son deuil, il eut la consolation de pouvoir présenter sa femme à sa vénérable mère, Adélaïde, née d'Alexandry d'Orengiani. Vivant pour son fils unique, la noble douairière accueillit la jeune épouse comme un présent du Ciel. L'Ecclésiastique ne dit-il pas :

« Heureux le mari d'une femme *aimable*
« et vertueuse !

« Elle doublera le nombre de ses années et
« remplira de paix les jours de sa vie.

« Comme le soleil se lève sur le monde dans
« les hauteurs de Dieu, ainsi la femme forte
« est l'ornement, la joie de la maison.

« Sa grâce surpasse toutes les grâces ; elle
« réjouira le cœur de son époux et le sancti-
« fiera. »

Mme Noémi de Châtillon fut cette femme vertueuse. Elle se voua sans réserve et sans relâche à faire le bonheur de son époux.

M. de Châtillon lui rendait son affection avec une délicate réciprocité. Fier, épris de sa beauté, il aimait à la produire dans la société et à la voir briller.

Elle s'y prêtait avec la spontanéité de la jeunesse, mais toujours parée de noble simplicité, de modestie, de réserve et de distinction. Accueillie partout avec empressement et respect, elle apportait à la haute société ce qui la captive et la domine. Animée, spirituelle, de prime abord elle acquit dans les salons des succès auxquels elle n'était pas insensible, à cause de la satisfaction qu'en ressentait son mari. « Mon plus grand mérite, dit-elle un jour, est peut-être d'avoir fait tout ce qui dépendait de moi pour lui rendre la Religion aimable. » Cependant, fidèle au règlement des Enfants de Marie, Mme la Baronne n'alla jamais au théâtre.

Cette succession de fêtes ne dura toutefois qu'à peine deux ans ; les habitudes d'œuvres de charité vinrent bientôt la ravir aux brillantes soirées mondaines.

Ses devoirs sociaux ne lui firent jamais négliger les devoirs de la piété et de l'aumône. Les pauvres eurent toujours une large part de ses attentions.

Douée de la rare et surnaturelle intelligence du pauvre, la charité n'était point, à ses yeux, l'élan d'une compassion naturelle, le fruit de l'ostentation, le prix de l'importunité, mais un devoir, mais un soulagement inspiré par la foi, venant à point et dans la mesure convenable pour éloigner un désastre, prévenir un désespoir, relever une famille ou sauver une âme.

Un jour, elle donna 4,000 francs à un chef de famille, afin de l'arracher aux tentations de suicide.

Admirablement secondée par son mari dans ses pratiques charitables, elle retira chez elle une jeune fille abandonnée. Elle la garda deux ans, la soignant avec une tendresse maternelle. Sa femme de chambre, Claudine, avec cette finesse que donne parfois la jalousie aux âmes égoïstes, dit un jour à M. de Châtillon : « Je prévois que Madame prendra Joséphine à son service, je donne ma huitaine ; j'aime mieux prendre les devants que d'être congédiée. » Pour ne pas prolonger le chagrin de Claudine, la Baronne s'occupa d'éloigner sa protégée. Quelques semaines plus tard, elle la conduisit en service dans une riche famille, aux environs de Paris.

Hélas ! la pauvre enfant devint bientôt victime de l'inexpérience de la jeunesse et des faiblesses de son cœur. Elle faillit perdre la vie avec l'honneur. Sa mère selon la grâce la fit soigner longtemps par une des célébrités médicales de Paris ; et aussitôt que sa santé fut rétablie, elle la ramena chez elle.

Point de reproche, ni d'humiliantes allusions touchant le passé ; elle relève son courage, sa

confiance dans l'avenir. Bientôt se rencontre
une place excellente et sûre dans une famille
très chrétienne de Turin. M. de Châtillon,
prévenant les désirs de sa femme, voulut y
conduire lui-même la jeune fille. Celle-ci gagna
l'estime et l'affection de ses nouveaux maitres,
qu'elle ne quitta que pour contracter un honorable mariage.

Une si grande charité semblait devoir mériter
à ce foyer la fécondité que les prières et la
bénédiction liturgiques appellent sur les époux.
Mais le Ciel ne devait pas exaucer leurs vœux.

En compensation, il inspira à la pieuse épouse
de se faire une famille de ceux qui n'avaient
sur cette terre personne pour les aimer.

Cette famille adoptive fut bientôt nombreuse,
composée de ceux qui sont les rebutés du monde
mais les privilégiés du Sauveur. Pour la secourir, aucune démarche, aucun effort, aucune
fatigue ne furent épargnés. Mme de Châtillon
ne ménageait ni son temps, ni sa peine, lors-

qu'il s'agissait de pénétrer chez ces infortunés
que les malheurs du temps, et quelquefois aussi
le défaut d'ordre, de travail et de prévoyance,
ont fait tomber, du bien-être et même du luxe,
dans un abîme de privations et de souffrances ;
qui dissimulent leur pauvreté comme une honte,
et dont la misère demande, pour être secourue,
la délicatesse avec laquelle on panse une blessure. Elle savait tout ce qu'ajoute à la valeur
d'un bienfait la manière de l'offrir ou de le faire
accepter. Cette façon d'exercer la charité, loin de
provoquer l'ingratitude et d'humilier l'amour-
propre, laisse dans le cœur le parfum de la
vraie miséricorde et une délicieuse et salutaire
impression. Elle faisait venir chez elle le pauvre honteux, lui glissait gracieusement une
pièce d'or dans la main, ou lui envoyait une
aumône sous le couvert de l'anonyme.

CHAPITRE V

Conversion et mort de M. de Châtillon.

*Stratégie spirituelle. — Pénible certitude. — Vœu
héroïque. — Portrait du baron de Châtillon. — Le
silence est d'or. — Puissance de l'exemple. — Une
sentence de mort. — Catéchisme. — Conversion.
Redevenu chrétien. — Maladie. — Mort. — Résignation et courage sublimes. — Funérailles. — Eloges.*

ES joies de ce monde ne sont pas sans
mélange. Si la jeune épouse souffrait de
ne pas être mère, elle s'en consolait dans la
soumission chrétienne à la volonté toujours
miséricordieuse de l'Auteur de toute vie.

Mais ce qui la rendait inconsolable, c'était la
certitude acquise, bientôt après son mariage,
que son mari ne partageait pas sa foi.

Le baron de Châtillon respectait extérieurement la Religion, allait à la messe avec son épouse, observait chez lui les lois de l'abstinence. Mais elle devinait douloureusement qu'il n'y avait là qu'un formalisme inspiré par la délicatesse de ses procédés à son égard. Elle sut ne rien brusquer, ni même paraître s'en apercevoir. Dieu sera le seul témoin de ses larmes.

Elle priera, souffrira, et attendra avec une invincible confiance, pour conquérir cette chère âme. Dans son humilité, elle ne demande point un miracle, une conversion éclatante, soudaine comme celle de saint Paul sur la route de Damas, mais un retour à la foi selon les voies ordinaires de la divine Providence, afin que toute la gloire en revienne à Dieu. Son *unique* nécessaire, c'est le salut, le bonheur éternel de son mari. Pour atteindre cette fin sublime, elle se vouera à toutes les douleurs et fera tous les sacrifices, celui même de sa vie. Elle ne peut se résigner à la pensée que l'union ne sera pas éternelle, intimement convaincue que le Sauveur est mort pour tous les hommes, qu'il ne refuse rien à la prière humble et persévérante, que le sacrifice de l'aumône couvre la multitude des péchés et ouvre le Ciel.

M. de Châtillon était une nature d'élite par le brillant de l'esprit et de la parole, par la bonté et l'amabilité de son caractère. Ces qualités, hélas ! lui valurent des éloges et des sympathies funestes. Artiste, esprit superficiel, il se laissa charmer par les belles apparences. N'ayant jamais étudié sérieusement la Religion, il s'en fit une à sa façon.

La société protestante, au milieu de laquelle il était souvent appelé à vivre, eut bientôt fait sombrer les principes de sa première éducation et de ses traditions domestiques. Ses préventions naturelles contre les Réformés, tombant peu à peu devant les bonnes qualités qu'il reconnaissait en eux, se changèrent en admiration. Il aimait à les opposer à l'égoïsme, à l'indifférence et aux autres défauts qu'il constatait chez beaucoup de catholiques. Sans tourner la Religion en ridicule, il ne se faisait pas faute de se moquer des dévots et des dévotes, et il le faisait d'une façon redoutable à cause de sa verve féconde et caustique. Sous l'influence de la société qu'il fréquentait, des lectures, et du respect humain qui avait grande prise sur son caractère faible, il en était arrivé à n'avoir ni opinion fixe, ni principes, ni foi religieuse. Il posait même souvent pour l'incrédulité, et singeait parfois une sorte de républicanisme contre lequel s'élevaient son éducation et ses traditions de famille. Il n'était pas plus catholique qu'autre chose. Mais, voltairien modéré, il laissait régner autour de lui la liberté religieuse, observait le dimanche et le vendredi en famille.

La conversion d'un pécheur, d'un infidèle, est une œuvre plus grande que la résurrection d'un mort, que la création du ciel et de la terre.

Il est plus prodigieux, plus sublime encore de courber l'incrédule sous le joug de la foi : car l'aveuglement de l'esprit se guérit bien plus difficilement que la corruption du cœur. Mais l'Apôtre a dit : « La femme fidèle sanctifie le mari *infidèle*. »

Or, Mme de Châtillon accepte la mission divine de ramener son mari à la foi pratique. Comptant sur les secours d'en haut, elle ne défaillira pas dans cette longue, difficile et sainte entreprise. Elle voit dans son époux non seulement la moitié de sa vie terrestre, mais encore la moitié de sa vie céleste. Elle veut que l'union soit pour toujours et dans la foi et dans la vision béatifique, dans les larmes et dans les joies, dans le combat et dans la victoire. Au lieu donc de se retrancher dans un quiétisme égoïste, comme, hélas ! font tant d'autres, pour ne pas troubler leur *petit bonheur*, Mme de Châtillon ne rêvera qu'à faire resplendir dans cette pauvre âme les lumières surnaturelles de la foi.

A quoi bon, en effet, le mariage et sa dignité, et ses grâces et ses liens intimes, si ce n'est pour l'illumination, la sanctification réciproque de deux âmes ?

Que celui donc qui est dans la lumière éclaire celui qui est dans les ténèbres ! que le fort, comme dit l'Apôtre, aide le faible ! que le mort soit ressuscité par celui qui est plein de vie !

Fallût-il pour cela gémir, verser des larmes, souffrir, donner sa vie, c'est un assez beau martyre pour qu'une chrétienne sache s'y dévouer tout entière !

Ainsi fait Mme de Châtillon. Elle offre d'abord au Seigneur le vœu *héroïque de victime.* Le Ciel l'a prise au mot. Dès lors, sa vie est un holocauste.

Elle ne spécule point sur la bonté divine en restant dans une présomptueuse inaction. Elle prête au travail de la grâce une coopération prudente, patiente et généreuse. Elle prie avec ferveur, gémit en secret ; elle fait le bien autour d'elle et souffre pour la justification de celui qu'elle aime.

Selon le proverbe : *la parole est d'argent, le silence est d'or*, Mme de Châtillon prêche par l'exemple. Elle sait parler à temps et se taire à propos. Le silence, un regard, sont quelquefois plus éloquents que les paroles.

Elle comprit que le rôle de la femme au foyer domestique est celui que Dieu donne à l'ange gardien qui inspire, sans bruit, tout ce qui est pur, tout ce qui est saint, tout ce qui élève au-dessus de la terre. A la femme de répandre silencieusement autour d'elle la bonne odeur de Jésus-Christ, jusqu'au moment où il faut entrer dans l'action. Mais alors il faut que l'ange visible devienne une sainte. Et quand Dieu a fait cette transformation, il ne lui est plus permis de préférer les sérénités silencieuses du paradis terrestre, aux luttes, aux martyres de la charité.

En plaçant devant les yeux de son mari le

livre de sa propre vie, elle faisait pénétrer rayon par rayon la splendeur de son âme dans cette chère âme égarée, avec la persuasion qu'un jour celle-ci acceptera la lumière.

Le soleil ne dissipe pas tout à coup les nuages, les brouillards et les ténèbres de la nuit : d'ordinaire, la transfiguration d'une âme se fait aussi progressivement.

Les disciples n'enlevèrent-ils pas les unes après les autres les bandelettes et les linceuls qui enveloppaient Lazare ?

Ainsi, Mme de Châtillon fera tomber les écailles des yeux de son époux, brisera anneau par anneau la chaîne de la servitude. A l'occasion opportune, et sans avoir l'air de s'adresser à lui, elle donnera délicatement un coup de lime, tantôt sur l'anneau des préventions, tantôt sur l'anneau du respect humain, tantôt sur l'anneau des maximes mondaines.

« Certains préjugés sucés avec le lait devien-
« nent des tyrans jusque dans la vieillesse, »

a dit Chénier. Le baron de Châtillon avait sucé dans la jeunesse ces préjugés; il n'était donc pas facile de détruire sa manière de juger et de penser. Les attaques de front eussent été infructueuses.

Aussi bien, son épouse cherchait à le convaincre par son amabilité, par son dévouement, par sa générosité héroïque; jamais par des démonstrations qui paraissaient lui être directement adressées.

Un soir, le jeune sénateur était revenu du Casino d'Aix avec un air sombre, mystérieux. Elle devine la cause de son désespoir : « Anténor, combien avez-vous perdu au jeu ? — Ah ! cinquante mille francs ! — Plaie d'argent n'est pas mortelle ; vous prendrez les cinquante mille francs sur ma fortune personnelle. *Ce n'est pas payer trop cher le bonheur que je vous* SOUHAITE !... »

Cette femme forte ne se plaint pas à Dieu et ne se décourage point de la lenteur de la conquête. Elle sait que son mari, étant éloigné de la Religion par des ignorances aimées, des préventions caressées, par la vogue du Voltairianisme et la crainte du qu'en-dira-t-on, est un de ceux qui sont le moins disposés à recevoir les lumières de la révélation. Elle n'ignore pas non plus que l'édifice de la perdition se démolit ordinairement comme se construit celui de la sanctification, c'est-à-dire pierre par pierre.

C'est le plan de la Providence dans l'œuvre du salut. Le grain de sénevé ne devient pas soudainement un grand arbre. Il germe et grandit à l'abri des intempéries, sous l'influence de la rosée, sous le doux et quotidien rayonnement du soleil. De même, la divine semence germera et croîtra dans le cœur de M. de Châtillon, sous la gracieuse et aimable influence d'une femme, semblable à celle que l'Esprit-Saint compare « au soleil qui se lève dans les hauteurs du ciel, pour être la vie et l'ornement de la maison. »

N'est-ce pas pour sanctifier l'homme que le Créateur a donné à la femme tant de grâce et d'ascendant ?

Heureux donc l'homme qui a rencontré une épouse vertueuse ! tôt ou tard, il sentira qu'une vertu est sortie d'elle. Combien, après avoir résisté à toutes les lumières, à toutes les grâces, ont été délivrés et convertis sur leur lit de mort, et ont adoré, à cette heure suprême, l'éternel Amour qui se révélait à eux par les vertus d'une épouse tendrement aimée !...

Cette puissance, Mme de Châtillon l'avait auprès de son mari. *Comptant sur Dieu,* elle travaillera dix longues années, avec une sagesse délicate et une confiance inébranlable, à sa conversion. Ce ne sera pas en vain. Sa patience, son silence, son dévouement, sa charité, son âme immolée et offerte en sacrifice pour le salut de son mari, obtiendront enfin sa conversion.

Comme on voit quelquefois, à la fin d'un orage, dans une chaude soirée d'été, les astres se lever peu à peu et resplendir à travers les nuages qui fuient, M. de Châtillon vit briller dans son âme troublée, les unes après les autres, les vérités apprises dans son enfance. A cette clarté, ses idées et ses sentiments se transformèrent ; les personnes et les choses changèrent de physionomie : ce n'était encore qu'une pénombre. Dieu augmente les lumières de sa grâce à mesure que l'âme s'humilie, se détache et se purifie.

La dernière victoire de la foi sur l'incrédulité de M. de Châtillon, est due à une sentence de mort.

Deux frères, François et Jacques C..., de la Haute-Savoie, jeunes encore, — l'un avait à peine vingt ans, — furent traduits devant la Cour de Chambéry pour meurtre commis sur la personne de Jean-Alexandre Charvin. M. de Châtillon était du nombre des juges (1). Les

----

(1) Siégeaient : MM. Monod, président ; Girod, Bouvier, Dullin, Nicoud et de Châtillon, conseillers.

accusés, les témoins, les défenseurs entendus, la Cour prononça la peine capitale contre les deux homicides ; c'était le 28 janvier 1851. Les condamnés ont été pendus à Saint-Julien, le 7 avril suivant, à 9 heures du matin.

M. le chanoine Goddard, aujourd'hui aumônier du Sacré-Cœur de cette ville, alors vicaire de la Métropole, fut chargé de préparer les condamnés à mort. Tous les deux reçoivent les Sacrements avec une foi vive et une résignation touchante, et demandent à leur suprême consolateur d'avoir la charité d'assister à leur dernière toilette et de les accompagner jusqu'à l'échafaud.

Cette sentence et cette fin chrétienne révolutionnent et terrassent le baron de Châtillon. Il sent qu'il s'opère en lui une mystérieuse transformation de ses pensées et de ses sentiments. Sous l'action de la grâce qui le travaille, il attend avec impatience que M. l'abbé Goddard soit revenu de Saint-Julien. Poussé par une force secrète, il entre, le samedi suivant, dans l'église Métropolitaine. Le vicaire qu'il cherchait était à son confessionnal. Il le fait appeler dans l'arrière-sacristie : « Ah ! lui dit l'abbé en souriant, est-ce que vous viendriez pour vous confesser ? — Pas encore ce soir, mais bientôt ! Ce que les Pères de Ravignan et Lacordaire n'ont pu faire par leurs discours, vous l'avez fait par votre *exemple*.

« Mais, mon cher abbé, tout est à commencer, je ne sais plus le premier mot du catéchisme. Il faudra me remettre à l'*A B C* de la Religion.

« — Avec bonheur, je suis à votre disposition, répond l'abbé profondément ému, les yeux pleins de douces larmes. Procurez-vous un catéchisme, et vous viendrez dans ma chambre à l'heure qui vous conviendra.

« — Non, pas à mon heure, mais à la vôtre ; je suis votre élève, c'est au professeur à commander.

« — Eh bien ! à 8 heures du soir je suis ordinairement libre. »

Le sénateur est fidèle à l'heure indiquée, et comme le plus humble élève, il récite sa leçon.

Un jour qu'il se promenait avec quelques-uns de ses amis sur la place Saint-Léger, il voit passer son catéchiste, et lui adressant la parole de loin et d'une voix forte : « Monsieur l'abbé ! monsieur l'abbé ! à ce soir ; je sais mes chapitres. »

Dans l'étude du catéchisme, le baron de Châtillon acquit, en peu de temps, plus de vérités, qu'il n'en avait jamais apprises, dans les écrits des philosophes et des légistes anciens et modernes, sur Dieu, sur la création, sur l'origine de l'homme, sa chute, sa réhabilitation et ses destinées immortelles, sur la famille et la société. Le catéchisme n'est-il pas le résumé clair, précis de la Théologie, reine des sciences ?

M. de Châtillon, devant la simplicité, la

précision des réponses, voit les ténèbres se
dissiper et ses doutes tomber comme par en-
chantement. Tout dans la Religion lui paraît
certain, indubitable, appuyé sur la parole éternelle. Il comprend que les mystères sont au-
dessus de la raison humaine, mais raisonnables.
Un seul point de la foi restait obscur à ses
yeux : la présence personnelle de Jésus-Christ
dans l'Eucharistie.

Mais la lecture réfléchie du chapitre VI de
l'Evangile selon saint Jean et du chapitre XI
de la première lettre de saint Paul aux Corin-
thiens, qu'il fit sur le conseil de son catéchiste,
le confirma invinciblement dans cette croyance.
Il est impossible, en effet, de douter de la présence réelle, substantielle de Jésus-Christ sous
les voiles eucharistiques, après avoir lu ces
affirmations tombées de sa bouche divine : « Je
« suis le Pain vivant descendu du Ciel ; si
« quelqu'un mange de ce pain, il vivra éter-
« nellement, et ce pain, c'est ma chair ; car ma

« chair est une véritable nourriture, et mon
« sang un vrai breuvage.

« En vérité, en vérité, si vous ne mangez la
« chair du Fils de l'homme et ne buvez son
« sang, vous n'aurez point la vie en vous. Mais
« celui qui mange ma chair et qui boit mon
« sang, a la vie éternelle, et je le ressusciterai
« au dernier jour. »

En méditant ces paroles divines, il se fit dans
l'esprit de M. de Châtillon ce raisonnement
intérieur, simple et clair comme la lumière :

Jésus-Christ a prouvé qu'il est Dieu par sa
vie, par sa mort, par sa résurrection. Il est le
Tout-Puissant et la Vérité éternelle. Il a dit :
Ceci est mon corps, ceci est mon sang ; et à ses
prêtres : *Faites cela en mémoire de moi.*

Il est donc de toute évidence que dans l'Eucharistie est sa personne vivante sous le voile
du mystère.

Alors, tous ses doutes s'évanouissent, et sa
foi tressaille dans les splendeurs de la lumière :

il croit fermement à la *présence réelle*, avec
toute l'Eglise catholique ; et il se sent pressé
de communier substantiellement avec son Dieu
dans la ferveur de sa première Communion.

Mais, avant de recevoir le Sacrement de
l'Amour, il devait s'éprouver, se purifier dans
la piscine sacrée. Dans l'humilité de sa foi, le
sénateur voudrait faire l'aveu de toute sa vie à
son aimable catéchiste. Mais M. l'abbé Goddard
lui conseille de s'adresser au Père Bernardin,
de l'Ordre des Capucins, en grande réputation
de saint confesseur. M. de Châtillon obéit, et
va prier le Père Bernardin d'avoir la charité
d'entendre un grand pécheur. Il commence
l'aveu de ses fautes et demande à revenir plusieurs fois, avant de recevoir l'absolution. Absout
de ses péchés, déchargé du poids qui l'oppres-
sait, réconcilié avec le Dieu qui avait réjoui sa
jeunesse, M. de Châtillon, après avoir entendu
la parole de Jésus à Madeleine : *Allez en paix*,
se lève, l'âme inondée de consolation et le cœur

débordant de joie. Dans la sainte ivresse qui
le transporte, il dit : « Je suis heureux ! Ah !
mon Père, si vous connaissiez l'ange que le bon
Dieu m'a donné, vous ne seriez pas étonné
que je sois revenu de si loin ! »

Cette joie ineffable, avant-goût de celle de la
gloire, son épouse la sentit doublement. Elle
savoura les douceurs de sa conquête, juste récompense de tant de sacrifices et de tant de
larmes !

« Lorsqu'on a été, auprès d'une pauvre créature, l'instrument de la lumière qui lui révèle
sa chute et lui rend son élévation, cette cure
sublime d'une mort qui devait être éternelle,
inspire quelquefois aux deux âmes un indéfinissable attrait, *né du bonheur donné et du
bonheur reçu (1).* »

Les deux époux goutèrent alors les délices
au-dessus de tout sentiment humain de l'union

---

(1) Lacordaire.

en Dieu, union qui n'a plus de nom sur la terre.

Redevenu chrétien convaincu, M. de Châtillon se montre fervent jusqu'à sa mort. La Baronne attise le feu qu'elle a allumé au cœur de son mari. L'un et l'autre auraient voulu être seuls pour se livrer sans entraves au service de l'amour divin. Anténor se sentait rempli d'une sorte de « nouveauté » sainte dont il n'avait pas eu l'idée jusque-là. Ce qui le charmait hier, ne lui inspire plus aujourd'hui que du mépris. Dieu se montrait à lui plus aimable que toute suavité, plus éclatant que toute lumière, plus grand que toute grandeur. Sa pieuse épouse l'encourageait et le guidait sur cette belle route de la lumière et de l'amour sacré, dont elle savait les secrets.

Hélas ! cette vie d'union parfaite, d'édification mutuelle et de charité évangélique, ne devait pas durer longtemps. La mort allait la terminer avant moins de dix ans.

La maladie, la grande messagère des grâces du Ciel, atteint M. de Châtillon, jusque-là plein de vie. Les premiers symptômes sont alarmants. Vite, sa femme le conduit à Lyon et l'établit dans l'hôtel Collet. La science et le dévouement affectueux du docteur Teissier ne parviennent pas à conjurer le mal. Cinquante jours de souffrances devaient achever de purifier et de sanctifier cette âme. Mme de Châtillon veillait jour et nuit son cher malade dans la fièvre de l'angoisse, refoulant sa douleur au dedans, retenant ses larmes. Quelque lueur de guérison apparaissait de temps en temps ! ce n'était qu'une lueur ! de nouvelles complications renouvelaient sans cesse ses alarmes. Les étouffements, qui revenaient par intervalles de plus en plus rapprochés, la suffoquaient cruellement elle-même. Dans son cœur se répercutaient les uns après les autres les coups répétés de la mort. Ne laissant apparaître ses angoisses, elle souffrait un vrai martyre. Sa résignation et celle de son mari à la volonté divine, étaient une grande force ; mais la soumission chrétienne n'émousse pas le glaive de la douleur.

Supérieure à la crainte, hélas ! trop commune, d'effrayer le malade, elle n'attendit point le danger pour lui faire recevoir les Sacrementss.

M. de Châtillon reçut avec une foi vive les consolations suprêmes, ne soupçonnant cependant pas la proximité de la mort.

« Mon beau-frère n'a jamais cru à sa fin si prochaine : car jusqu'à la veille, il calculait avec moi le jour où il pourrait partir pour les îles d'Hyères, où il rêvait de passer l'hiver entre sa femme et moi. Ce n'est donc pas la crainte de la mort qui l'a dirigé ; s'il a été surpris par elle, on peut dire que tout, dans sa maladie, a été une préparation édifiante et constante. Il ne parlait que de bonnes œuvres à accomplir, que de fondations à faire autour de Châtillon, que d'actions destinées à répandre la connaissance et l'amour de Dieu. Et tout cela était dit avec une chaleur de cœur, avec une animation que le brillant de son imagination rendait admirable.

« Je me souviens de son enthousiasme au soir du 8 décembre, qui amène à Lyon des démonstrations si générales et si touchantes en l'honneur de la Sainte Vierge. Il nous avait envoyé, ma sœur et moi, voir les incomparables illuminations, qui, pour la neuvième fois, redisaient au monde l'amour des Lyonnais pour leur insigne Protectrice des Cieux. Ma sœur voulut rentrer après cinq minutes, car elle ne pouvait rester éloignée du chevet de son cher malade. Moi, j'avais continué à parcourir la ville et lui apportais, au bout d'une heure, l'écho de mon admiration.

« M. de Châtillon s'était fait rouler sur un fauteuil jusqu'à sa fenêtre, qui donnait sur la rue Impériale ; et là, en face des reflets qui éclairaient le ciel, il se met à nous parler de Dieu, de sa grandeur, du Paradis où il manifeste sa gloire et où il veut nous réunir tous en lui... mais avec un merveilleux talent de parole, avec des yeux pleins de larmes qui nous ravirent. On aurait cru entendre Augustin et Monique sur le rivage d'Ostie...

« Nous nous regardions, ma sœur et moi, avec étonnement, et la pauvre femme, sentant que cette âme était mûre pour le Ciel, me conduit dans la chambre à côté, se jette dans mes bras en fondant en larmes de joie céleste et de douleur.

« Tous ces souvenirs me reviennent comme s'ils étaient d'hier ; et en me souvenant, je bénis Dieu et j'admire la puissance de la prière sur son cœur.

« Oui, ma sœur a sauvé son mari ; c'était la conviction du Père Bernardin qui l'avait confessé, comme c'est la mienne. Que n'est-il plus là, lui, qui a recueilli les dernières pensées de mon beau-frère ; il admirait comme le miracle le plus frappant de la grâce, le relèvement inouï de cette âme d'élite ! J'ai assisté à cette transformation, et je puis affirmer, avec le Père Bernardin, que la résurrection d'un mort ne me paraîtrait pas plus merveilleuse.

« Que dirai-je, enfin, de la façon dont ma sœur a entouré l'âme et le corps de son mari dans sa dernière maladie ? La Sœur garde-malade n'était qu'en second ; ma sœur ne le quittait ni le jour, ni la nuit ; j'ai été, deux mois durant, le témoin de son dévouement héroïque. Cependant, je n'étais pas là au dernier soupir. C'était le 14 décembre 1860, à 3 heures du soir. Trompé par un mieux momentané, j'avais couru chez moi pour affaires. La dépêche de ma sœur me joignit à ma descente du train : « Mon cœur est brisé, mon existence est finie, viens ; » et je repartis. Je ressens encore l'impression qui me saisit en entrant dans la chambre mortuaire. Mon beau-frère semblait dormir sur un lit de parade. C'est ma sœur qui l'avait paré de ses habits de fête. La pauvre femme, près de son cher défunt, les yeux fixés sur lui et les détournant à peine, me tendit la main : « Je l'ai

« encore !.. c'était une nature ardente et dévouée,

« me dit-elle. *Je compte tant qu'il est heureux*

« *et j'en suis si reconnaissante à Dieu, que je*

« *ne ferais pas un geste, je ne dirais pas une*

« PAROLE *pour le rappeler à la vie, alors même*

« *que je le pourrais (1).* »

Tel fut le dernier cri de la nature vaincue, le dernier soupir des affections terrestres, expirant sous l'empire de l'amour du Ciel. Sublime dans sa douleur, elle ne voulut pas se séparer à Lyon des dépouilles de son mari. Elle les accompagna à Chambéry et ne les quitta qu'à l'heure de la cérémonie funèbre. La raison de cet héroïque courage était dans sa résignation parfaite à la volonté divine, dans son amour pour celui qu'elle avait ramené à Dieu pour jamais, dans la ferme espérance de le rejoindre un jour, et dans les mystérieuses opérations de la grâce

---

(1) Baron d'Anglejan.

qui fortifiaient et consolaient son cœur abîmé, mais résigné.

C'est ici le lieu de rapporter les paroles écrites dans le *Courrier des Alpes*, le jour des funérailles de M. de Châtillon :

« Le baron Rambert de Châtillon, conseiller à la Cour impériale de Chambéry, vient de mourir à Lyon, après une longue et douloureuse maladie. Si l'heure de l'honorable Conseiller n'avait été marquée par la Providence, les soins qu'il avait reçus dans notre ville eussent assurément triomphé du mal. On avait espéré que le changement d'air et un régime différent pourraient neutraliser les effets de la maladie ; mais, hélas ! les espérances étaient vaines.

« Il y a deux jours, M. de Châtillon s'éteignait en *fervent chrétien*, entre les bras de son épouse désolée. Le corps, ramené de Lyon à Chambéry, a été inhumé ce matin, à 9 heures.

« Une foule nombreuse, dans laquelle toutes

les classes de la société étaient représentées, se pressait à ses funérailles, donnant au magistrat distingué, non moins qu'à l'homme privé, un témoignage de sympathie.

« Le convoi funèbre était ouvert par toutes les confréries de la ville et par un nombreux cortège. Les cordons du poêle étaient tenus par MM. Girod, premier président de la Cour impériale; Millevoye, procureur général; Mareschal, conseiller, et Fosseret, aussi conseiller, ancien président du Tribunal civil. A la suite du convoi marchait la Cour en robes rouges, précédée des huissiers et suivie des membres du Tribunal, aussi en robes. Le corps a été inhumé au cimetière de la ville et déposé dans un caveau de famille. La mort de M. de Châtillon a causé dans notre ville une douloureuse sensation. »

A l'audience solennelle de rentrée de la Cour d'appel de Chambéry, le 4 novembre 1861,

M. Diffre, avocat général, fit l'éloge du baron
de Châtillon en ces termes :

« Si, dans le sanctuaire de la justice, de
hautes convenances interdisent, en pareilles
solennités, l'éloge des vivants, afin que la
vérité même ne puisse jamais, dans la
bouche du magistrat, être suspecte de flatterie, un pieux usage commande, au contraire,
d'honorer la mémoire des membres de la famille judiciaire pour lesquels l'éternité a commencé.

« Hélas ! il faut ouvrir déjà ces tables funé-
raires, et le nom de M. le conseiller baron
Rambert de Châtillon est le premier que nous
devions y graver !

« Je ne vous parlerai ni de la haute et générale estime dont sa famille jouissait à l'égal
des plus honorées, ni de son passé judiciaire,
énoncé dans cette compagnie où il retrouvait
les exemples et les souvenirs de deux de ses

ancêtres (1), et où, successivement substitut de l'Avocat des pauvres, substitut de l'Avocat fiscal-général, et sénateur, il a déployé les plus *brillantes qualités oratoires* et la plus solide érudition. Je ne vous rappellerai pas ce que furent cette imagination étincelante, cet esprit amoureux des arts, cette aménité de mœurs et cette exquise politesse, qui rendaient son commerce si attrayant et si recherché. Le portrait que j'en pourrais faire serait trop au-dessous du souvenir que vous en avez gardé.

« Mais ce que j'ai besoin de vous dire, c'est cette ineffaçable impression que m'a laissée cette franche et généreuse nature. De tous les fils de la Savoie qui ont salué l'Annexion comme l'heureux accomplissement de leurs plus chères espérances, aucun ne l'a fait avec plus

---

(1) L'aïeul paternel et l'aïeul maternel de M. de Châtillon, ont été l'un et l'autre présidents au Sénat de Savoie.

d'élan et d'enthousiasme que M. de Chatillon.

« Quand sa main loyale s'est ouverte pour presser la mienne, le jour où, pour la première fois, je pénétrai dans cette *France nouvelle*, j'ai senti que son cœur passait dans cette étreinte, et mon amitié a spontanément répondu à la sienne, comme si quelque mystérieux instinct m'avait fait pressentir qu'il allait me hâter ! La poignante impression que j'éprouve à ce souvenir est bien naturelle. Je ne puis oublier que nous avons ensemble, lui comme président, moi comme procureur impérial, ouvert les premières Assises de la Haute-Savoie.

« Cette communauté de travaux, en m'imposant la plus haute estime pour le zèle et pour le mérite de ce magistrat, avait corroboré les vives sympathies que j'éprouvais pour sa personne. A la manière remarquable dont il dirigea cette première session, on devait augurer qu'il compterait bientôt au nombre de nos meilleurs présidents d'Assises. Vain espoir ! il était atteint

déjà du mal qui devait l'entraîner si prématu-
rément au tombeau ! Je l'ai vu, confiant dans
la Miséricorde divine, supporter, avec une résignation toute chrétienne, de cruelles souffrances;
et j'ai pu admirer la sérénité de cette âme, prête
à s'envoler vers sa céleste Patrie, et qui ne
semblait *retenue sur la terre que pour consoler
et bénir l'épouse désolée,* dont les soins dévoués
luttèrent courageusement jusqu'à la dernière
heure pour défendre et prolonger une existence si chère, mais, hélas ! irrévocablement
condamnée. »

CHAPITRE VI

Modèle des vraies veuves.

Grande douleur de Madame de Châtillon à la mort
de son mari.— Elle fuit les consolations humaines.
Il lui faut Dieu. — Grandeur de la vraie veuve.

LE coup inattendu qui frappa Mme de Châtillon au milieu d'un bonheur acheté à si
grand prix, fut terrible pour elle. Rien ne manquait pour rendre cette douleur déchirante.
Elle aimait celui qu'elle avait perdu, comme
son époux et comme la *conquête de sa piété.*
Tout présageait, alors, une vie sans nuages.
Son mari était devenu un fervent chrétien. La
foi, illuminant son âme, donnait à sa personne
des charmes nouveaux.

Son admirable talent de parole le désignait

pour le fauteuil le plus élevé de la Magistrature. C'est le moment que Dieu choisissait
pour tout briser contre la pierre de cette tombe,
inopinément ouverte.

Quoique résignée, la pauvre veuve fut d'abord
atterrée. Jamais le glaive de la douleur ne pénétra plus avant dans une âme. Si jamais époux
ne fut plus surnaturellement et ardemment
aimé, jamais époux ne fut pleuré davantage.
Ses amies faisaient tout ce qu'elles pouvaient
pour mettre un baume sur sa blessure ; mais
dans une âme ardente comme la sienne, une
telle blessure ne se cicatrise pas. Enveloppée
dans son deuil, elle ne voulait pas s'en laisser
distraire. On eût dit qu'elle aimait son mal et
se défendait de se le laisser enlever. Bien que
vivement touchée et reconnaissante des sympathies qu'on lui témoignait, il lui fallait autre
chose.

Pendant les six mois qu'elle s'ensevelit dans
sa chambre, n'en sortant que pour aller à l'église

et visiter les pauvres, le vide se creusait de plus en plus dans son cœur. La grâce faisait jusqu'au bout son œuvre. C'était la crise que Dieu voulait.

Il y a dans toute vie un moment décisif où le Seigneur demande une résolution généreuse d'où dépend tout l'avenir.

Cette heure venait de sonner pour Mme de Châtillon, et c'était là le dessein de Dieu dans la douleur qu'il lui avait ménagée.

En brisant les entraves qui la retenaient dans les voies ordinaires, Dieu lui offrait un nouvel état qu'elle était libre de ne pas agréer. Elle avait quarante ans ! Elle pouvait, sans péché, ou se résigner au veuvage, ou concevoir le désir d'en déposer le fardeau. Elle pouvait aussi accepter pleinement le veuvage, tel que le Christianisme le comprend, et tel que les *vraies veuves* le portent, dans une dignité à qui sont dus tous les respects.

Le veuvage est une chose sacrée. Indépen-

damment de ce que la foi y découvre de surnaturel, il y a sur la veuve « vraiment veuve » la
triple consécration de la douleur, de la fidélité
et de la vertu. La vierge n'est fidèle qu'à Dieu
et à elle-même ; la veuve l'est, de plus, à celui
qu'elle a aimé et perdu : c'est pour lui aussi
qu'elle garde désormais l'intégrité de son cœur,
se faisant de son cher souvenir un culte et une
vie. Mme de Châtillon célébrait pieusement
l'anniversaire du 14 décembre.

« Et telle est la nuance qui distingue la veuve
de la vierge, deux créations admirables du
Christianisme, deux fleurs nées sur la même
tige, et qui mêlent dans l'Eglise leurs parfums
sans les confondre. S'il y a quelque chose de
plus pur dans la vierge, il y a quelque chose de
plus *auguste* et de plus *touchant* dans la *veuve*,
parce que la souffrance et les larmes ont passé
par là (1). »

---

(1) *Vie de sainte Paule.*

Saint Jérôme appelle la viduité le *second degré* de chasteté.

Mme de Châtillon jura dans son cœur qu'elle n'aurait plus d'époux mortel, et que le reste de sa vie appartiendrait à Dieu et aux pauvres.

Ces saintes affections, bien loin de s'éteindre dans l'amour divin, s'y transfigurèrent et s'y immortalisèrent. En se jetant avec élan dans le sein de Dieu, Mme de Châtillon gardait fidélité à son mari. Sa douce mémoire lui restait vivante, aimée et bénie.

Après avoir renoncé au mariage, elle renonça au monde même, à la vie du monde, à la fréquentation de la société. Elle avait dit adieu aux parures, mis de côté ses bijoux, même son *alliance*. Elle adopta la règle des petits ménages, tailla ses vêtements dans des étoffes médiocres, s'ingéniant à leur conserver, jusqu'à extrême vieillesse, un air de décence et de fraîcheur.

Elle rompit complètement avec ces servitudes qu'imposent certaines exigences sociales, dont

son deuil et sa dignité de veuve l'affranchis-
saient désormais.

Cette rupture avec le monde fut une fuite
plus profonde en Dieu. Sentant que rien de
terrestre ne pourrait jamais combler le vide
immense qui venait de s'ouvrir en elle, voyant
que tout se brise et nous fuit ici-bas, que Dieu
seul n'échappe point, et qu'en Lui on retrouve
tout, elle se consacra à Dieu avec une ardeur
sans égale. Cet amour dans lequel elle se
plongeait tout entière, lui apportait les vraies
et solides consolations, et créait en même
temps dans son âme des ascensions merveilleuses sur les ailes de la prière, de la charité
et de la *mortification*, cette mort qui donne la
vie (1).

« Les lampes desquelles l'huile est aromati-

---

(1) *Mortui enim estis, et vita vestra est abscondita
cum Christo in Deo.* (Saint Paul aux Colossiens,
chap. III.)

que, dit délicieusement saint François de Sales, jettent une plus suave odeur quand on éteint leurs flammes ; ainsi, les veuves, desquelles l'amour a été pur en leur mariage, répandent un plus grand parfum de vertu et de chasteté quand leur « lumière », c'est-à-dire leur mari, est éteinte par la mort. » Tel fut le spectacle que Mme de Châtillon présenta dès la mort de son mari. Il se fit une admirable éclosion de vertu dans son âme.

Quand Noémi de Moab revint à Bethléem, voilée de tristesse, les femmes de la ville qui l'avaient vue aux jours de son mariage, se disaient entre elles : Est-ce Noémi ? La Moabite répondait : Ne m'appelez plus Noémi ; Noémi veut dire *belle, gracieuse*. Appelez-moi *Amara*, car le Seigneur a rempli mon cœur d'amertume.

Ainsi, Noémi de Châtillon ne se montre plus avec les grâces qui charment le monde ; mais sa tristesse si chrétienne révélait la beauté de son âme.

Selon la comparaison de saint François de Sales, elle était « la petite violette de mars » qui répand une suavité non pareille par l'odeur de sa dévotion. Elle se tient presque toujours cachée sous les larges feuilles de son abjection, et, par sa couleur sans éclat, témoigne la mortification. Elle vient « ès-lieux frais et non cultivés, ne voulant être pressée de la conversation des mondains, pour mieux conserver la fraîcheur de son cœur contre les chaleurs que le désir des honneurs, des biens et même des amours lui pourrait apporter. Elle sera bien heureuse, si elle persévère de la sorte. »

CHAPITRE VII

Mourir pour vivre.

*Madame de Châtillon aspire à la vie religieuse, —
communique son dessein à son frère, — part avec lui
pour Paris, — règle ses affaires temporelles, — fait
une Retraite sous la direction du Père Etienne,
général de la Congrégation de Saint-Vincent de
Paul. — Sa soumission. — Elle devient Religieuse
dans le monde.*

A MESURE que le cœur de Mme de Châtillon
se fermait du côté de la terre, il s'ouvrait
du côté du ciel. Moins elle écoutait le bruit du
monde, plus fort elle entendait la voix de l'Epoux
céleste : « Sors de ta terre... je te conduirai
dans la solitude et te parlerai au cœur. »

« Lorsque, à Châtillon, ma sœur (1) me révéla sa décision arrêtée d'entrer dans la congrégation des Sœurs de la Charité, je fus atterré ; je sentis alors le brisement de la séparation, que la mort seule devait rendre plus complète.

« Quelques jours après nous nous retrouvâmes à Paris, où ma sœur, avec cette rectitude et ce calme qui faisaient toujours contre-poids à ses résolutions les plus enthousiastes, voulut consulter et régler ses affaires temporelles.

« Nous fûmes ensemble prendre l'avis d'un notaire qui jouissait, dans ma famille, d'une réputation bien méritée d'être un homme d'affaires le plus intègre et le plus habile.

« La décision fut longue, car le praticien se heurtait à mille difficultés.

« Ma sœur voulait se réserver de reprendre tous les abandons qu'elle faisait en entrant en

---

(1) Baron d'Anglejan, frère de Mme de Châtillon.

Religion, dans le cas où Dieu la voudrait ailleurs, une fois l'épreuve faite.

« Tout enfin étant réglé avec le notaire, ma sœur s'enfonça au couvent pour y faire une Retraite préparatoire. J'attendis à Paris le résultat, Dieu sait dans quelle émotion et dans quelle anxiété ! Je ne pouvais me distraire de la pensée que j'allais la perdre à jamais. Hélas ! je ne connaissais pas l'avenir et les douleurs de la vraie séparation !!!

« Au bout de dix jours, quelle joie ! je vois revenir ma sœur aussi tranquille, aussi calme que je l'avais vue partir. « Il paraît, me dit-elle
« en souriant, que Dieu ne me veut pas au
« couvent. L'homme de Dieu trouve que ma
« place est dans le monde, que j'y travaillerai
« plus utilement à la gloire de Dieu. » Et ma sœur revenait reprendre cette place en toute simplicité, avec la soumission d'une enfant docile, obéissant au prêtre comme elle l'eût fait à Dieu lui-même. Quand je pense au bien

qu'elle a pu réaliser dans le monde, je crois que son directeur a été bien inspiré. »

Mme de Châtillon avait compris que l'essentiel, c'est d'être là où Dieu veut que l'on soit. Pour connaître sa voie, il ne faut pas la choisir soi-même, mais la demander au représentant du Maître des destinées, qui a dit : « Je suis la « voie, la vérité et la vie ; qui écoute le prêtre, « m'écoute et me suit. » Si Mme de Châtillon eut le regret de ne pas porter la cornette, elle aura la gloire non moins grande de revêtir les livrées de saint François d'Assise. Elle sera une vraie Religieuse dans le monde.

Le Tiers-Ordre de Saint-François, en effet, est un Ordre religieux, un état de perfection approuvé par la Sainte Église (1).

Après le noviciat réglementaire, Mme de Châ-

(1) Le Tiers-Ordre suppose une vocation toute particulière. Y entrer sans l'appel divin, serait une témérité. Une année de préparation doit précéder la réception définitive. C'est la Règle de l'Ordre.

illon eut le bonheur de faire profession en février 1865, sous le nom de Marie-Madeleine de Saint-François d'Assise. Véritablement placée alors dans sa vocation, Dieu l'illumina plus abondamment de l'esprit de prière, de retraite et de mortification, l'embrasa d'un désir plus ardent de s'attacher à Jésus-Christ en lui consacrant sa liberté et sa vie entière, et, par contre, Jésus lui inspira un plus vif dégoût pour le monde et ses maximes.

Le monde hait l'Église de Dieu ; Sœur Madeleine l'aime comme Jésus-Christ l'aime. Brûlant de zèle pour la Maison sainte, elle donne à la fois des milliers de francs pour le décor du sanctuaire, pour le recrutement du sacerdoce. Elle ne refuse jamais d'aider une vocation ecclésiastique ou religieuse.

Le monde déserte l'église pour courir aux spectacles, aux plaisirs. Sœur Madeleine se plaît au pied des autels, assiste avec bonheur à tous les offices, à toutes les cérémonies de sa paroisse.

Affligée de l'influence pestilentielle des lectures futiles, elle fait acheter, au prix de 600 fr.,
une quantité de romans pour les brûler.

Ennemie de tout ce qui sent la mondanité et
le luxe, elle organise sa vie en vraie fille de
l'Amant de la pauvreté. La vanité, si commune
chez les femmes, n'a plus rien à faire dans son
âme trempée de l'esprit religieux. Plus d'argen-
terie sur sa table devenue monastique, plus de
soieries, plus de parures sur sa personne; ses
cheveux, très abondants et magnifiques, elle a
soin de les arranger de la manière la plus simple.

A Chambéry, elle a fait remplacer les beaux
papiers de sa chambre par une tapisserie de
30 centimes le rouleau. Une grande croix portant une couronne d'épines (travail de Félix son
pieux domestique), une vierge en pleurs de la
Salette, un prie-Dieu, deux chaises de paille,
un crucifix, un bénitier, un lit de fer : c'est tout
l'ameublement de sa cellule.

La servante y entrait seulement pour remuer

la paille de son grabat. Elle avait fait porter ses matelas sur le lit d'une cancérée.

Une de ses intimes amies, M⁰ la comtesse Laure Costa de Beauregard, voulut visiter sa chambre un jour qu'elle n'y était pas : elle en fut émue d'admiration jusqu'aux larmes.

A Châtillon, elle n'apporta pas de modification dans sa chambre : son lit restait monté, seulement elle prenait son repos sur une paillasse qu'elle faisait étendre chaque soir sur le parquet.

Quelle folie ! dirait le monde. Mais c'est là folie de la Croix, qui confond la sagesse des prudents du siècle.

CHAPITRE VIII

Journée ordonnée.

Madame de Châtillon fixe sa volonté dans le bien.
Son règlement de vie.

JE veux ! ce mot est le plus rare qui soit au monde, bien qu'il soit le plus fréquemment usurpé ; et quand un homme en a le secret terrible, qu'il soit pauvre et le dernier de tous, soyez sûr qu'un jour vous le trouverez plus haut que vous.

Mme de Châtillon a trouvé ce secret puissant. Elle savait dire : *Je veux !* Je veux plaire à Dieu ! lui plaire toujours, lui plaire absolument. Telle fut l'insatiable aspiration de son âme.

Rien n'est plus rare que cette fixité de la volonté dans cette sublime aspiration !

La multitude flotte sans résistance au vent
qui passe ; et, comme d'ordinaire le vent qui
passe vient des régions mauvaises, la foule
s'abandonne au courant du mal. Cette pré-
tendue liberté n'est qu'une servitude, roulant
le monde au gré des caprices et réduisant la vie
à l'état lamentable de feuille morte ou d'écume
flottante, dont parle saint Jude : « Arbres d'automne et flots écumants (1). »

Effrayante décomposition à laquelle a voulu
échapper Mme de Châtillon par la discipline de
la vie et par cet instrument de toute discipline
qui s'appelle la Règle.

La Règle, voilà le salut.

Tout pour une âme, disait Valentine Riant,
est dans ces deux mots de la volonté : *oui* ou

---

(1) BUATHIER, *le Sacrifice dans le Dogme.*

non, je le veux ou ne le veux pas. La détermination de la volonté est tout, c'est l'*unique nécessaire*. La Règle est à la volonté ce que les artères sont au sang, ce que les veines de l'arbre sont à la sève, une voie qui contient et porte la vie. *Celui qui garde la Règle est dans le chemin de la vie (1).*

Sans la Règle, l'âme ressemble à un esquif ballotté en pleine mer, sans voile ni gouvernail, sans pilote ni boussole; pour l'engloutir, pas n'est besoin de tempête : le premier coup de vent suffit.

Mme de Châtillon ne voulait pas soutenir de stériles combats, mais remporter les victoires prédites par l'Esprit-Saint : c'est pourquoi elle fixa sa volonté dans le bien par un *règlement* approuvé de son confesseur, et par le vœu annuel d'obéissance.

____

(1) *Proverbes* x-17.

« Tout ce qui gêne l'homme le fortifie, dit de Maistre. Il ne peut obéir sans se perfectionner, et par cela seul qu'il se surmonte, il est meilleur. »

De même que la journée est une succession de minutes, la vie est un tissu de devoirs de détail, et c'est par l'accomplissement chrétien de chacun d'eux que l'on amasse, comme pièce par pièce, les mérites qui achètent le Ciel.

Pour que, désormais, tout acte de ses journées traduisît la volonté divine et contribuât à l'avancement de son âme, la pieuse Baronne ordonna et régla tous les détails de sa vie : heures du lever et du coucher, heures de la prière et du travail, heures de délassement, jours de confession et de communion, exercices essentiels de piété, devoirs intérieurs, affaires matérielles et spirituelles.

Voici son règlement :

1º Heure du lever : 4 heures et demie en été,

5 heures en hiver ; méditation, sainte Messe, communion ;

2° Heures du détail de la journée, fixées dans l'examen de prévoyance de chaque matin ;

3° Sur le soir, les courses de charité terminées, visite au Très Saint-Sacrement et à la Très Sainte Vierge ;

4° Sept heures et demie : réfection, lecture spirituelle, prière avec les personnes de ma maison ;

5° Un jour de retraite mensuelle et huit jours de retraite annuelle ; confession tous les huit jours ;

6° Je mangerai pour vivre ;

7° Visites de convenances seulement, mais jamais au préjudice des visites de pure charité ;

8° Je combattrai la vivacité de mon caractère par la modération dans mes actions et la douceur de mes paroles ;

9° La franchise en toutes choses sera ma devise.

Toutes les actions, tous les élans de l'âme doivent aboutir à Jésus, mais ils n'y aboutissent de fait que par la Règle, expression de la volonté de Dieu sur chacun de nous. Hors d'elle, les jours s'écoulent en futilités. Dans toutes les conditions, une Règle est donc indispensable.

Sans elle, les combats de la vie sont des coups d'épée dans l'air. La Règle est le canal le plus sûr de la grâce ; « ses chaînes sont une protection puissante, son collier un vêtement de gloire. »

Fidèle à la Règle, qui met tout dans l'ordre, corrige ce qui est défectueux, tempère ce qui est immodéré, contient ce qui est excessif, mais aussi excite ce qui est assoupi et pousse en avant ce qui est immobile, Mme la Baronne de Châtillon ne gaspilla point la monnaie de l'éternité, mais profita de tout pour le ciel. Et dans cette marche, elle dut arriver à ces sommets bénits dont parle l'Ecriture, où habite la sagesse et, avec la sagesse, la vérité, la vertu, le dévouement et le sacrifice, qui méritent une couronne immortelle formée des perles recueillies dans la course quotidienne.

L'énergie de Mme de Châtillon, qualité maîtresse et féconde, sceau de tout grand caractère, éclate merveilleusement dans sa règle de conduite. En attachant sa nature ardente et généreuse dans des liens de fer, en l'enfermant dans d'inflexibles pratiques, elle utilisa et sanctifia son temps, multiplia ses forces pour se rendre meilleure et faire aux autres le plus de bien possible.

Chaque jour amène ses peines et ses luttes. Il est donc nécessaire de se couvrir, dès l'aurore, des armes de la victoire, de prévoir les coups de l'ennemi pour les parer, et, sentinelle vigilante, comme Mme de Châtillon, il faut être toujours prêt aux surprises. Puis il est salutaire, sur le soir, de scruter sa conscience, de juger à la lumière divine ses actions, et de récapituler les succès et les insuccès du combat de la journée. C'est l'unique moyen de fixer la pensée toujours errante, d'enchaîner efficacement la volonté à la pratique de la vertu, de mettre l'âme en possession d'elle-même, et de lui rendre cette paix intérieure qui est la récompense du devoir accompli et l'avant-goût de la béatitude souveraine. L'Evangile ne dit-il pas : « Paix et miséricorde à qui se plie à la Règle. »

« Qui ne sait pas être esclave de son devoir, ne sera jamais maître de ses passions ; on ne règne d'un côté qu'en servant de l'autre (1). »

Toutefois, la régularité de vie de Mme de Châtillon ne ressemblait en rien à ce « formalisme », plus imprégné d'égoïsme que d'esprit évangélique. Elle savait quitter Dieu pour Dieu, et n'hésitait pas d'interrompre, de raccourcir, d'omettre une pratique ou un exercice de piété, de renvoyer une affaire commencée, pour accueillir une visite ou écouter une demande.

(1) Colonel Paqueron.

Elle ne laissait point apercevoir qu'on venait à une heure importune, qu'on lui causait un dérangement. Elle se montrait, au contraire, satisfaite de la confiance témoignée, heureuse de rendre service et de répandre une goutte de baume dans un cœur affligé.

Elle imitait saint François de Sales, qui disait : « Ce sont des enfants qui courent au sein de « leur père. Jamais une poule ne se fâche quand « ses poussins se jettent tous à la fois sous ses « ailes, mais elle s'efforce de les couvrir tous. « Mon cœur aussi se dilate à mesure que le « nombre de mes enfants s'accroît autour de « moi. »

CHAPITRE IX

Le bon exemple.

*Il faut le donner, l'imiter. — Sa puissance. — Madame
de Châtillon ne garde que le nécessaire. — Elle est
toujours prête à l'obligeance. — Soins des domestiques. — Dévouement envers Augustine. — Compte
à rendre.*

Comme membres de la grande famille chrétienne, nous devons aider notre prochain
à opérer son salut. Le bon exemple est le moyen
le plus efficace pour atteindre ce résultat. Il est
plus puissant que la parole, car il révèle une
conviction plus forte et répand une lumière
plus grande ; il produit sur l'imagination une
impression vive, profonde, entraînante.

Exercer cette salutaire influence est une obligation sociale et positive, car Dieu a confié à

chacun de nous le soin de son prochain. « Que votre lumière, nous dit le divin Maître, brille devant les hommes, afin qu'ils voient vos bonnes œuvres et qu'ils glorifient votre Père qui est dans les Cieux. » — « Chacun, dit saint Paul, doit plaire à son prochain pour le bien et pour l'édification. »

Mᵐᵉ de Châtillon, dans toutes les phases de sa vie, répandit autour d'elle la bonne odeur de Jésus-Christ. Jeune fille, épouse, veuve, elle fut un modèle de vie chrétienne par sa piété, sa charité, par ses vertus sociales et domestiques.

Sa viduité brilla par la simplicité.

Elle fit enlever de son appartement tout ce qui n'était pas absolument nécessaire, elle vendit chaises inutiles, donna bibliothèque et bureaux, et dégarnit ses armoires du linge superflu.

Un jour, à l'insu de ses domestiques, elle envoya à la *Providence* une certaine quantité de draps à démarquer, puis les fit expédier *franco* à l'adresse de l'Orphelinat de Vichy. La réclamation pour insuffisance de port découvrit cette pieuse industrie.

C'est dans son salon d'une complète simplicité qu'elle accueillait, avec une égale affabilité, tous ceux qui recouraient à elle. Dieu a compté les aumônes qui y ont été faites, les consolations données, les larmes essuyées, les blessures cicatrisées, et les pénibles secrets qui y ont été dévoilés !

« Si les murs pouvaient se souvenir et parler, disait-elle, que de douloureuses confidences ils révéleraient ! »

Mais tout ce qu'on lui confiait tombait dans son cœur comme dans un puits sans fond, d'où rien ne sort. On peut dire que sa maison ressemblait à un de ces sanctuaires dont le silence garde l'entrée, et qui remplissent de calme ceux qui y apportent leurs agitations et leurs douleurs.

Par sa bonté, toujours prête à l'obligeance, elle provoquait cette confiance expansive qui est pour le cœur affligé ce qu'est la chaude

haleine du printemps pour les boutons de rose.
Elle recevait avec une sympathie qui ouvrait les
cœurs et facilitait les aveux des infortunés qui
venaient à elle de tous côtés. Parfois, il y avait
foule comme à l'abord du cabinet d'un médecin
renommé. Elle passait les instants que ne lui
prenaient pas les visiteurs, les exercices de piété
et les courses de bienfaisance, à travailler pour
les pauvres et à correspondre avec ses protégés.
Elle craignait plus la perte du temps que la
perte d'argent.

Ces œuvres, ces occupations, ne nuisaient
point au gouvernement de sa maison, au soin
de ses domestiques. Elle avait pour ceux-ci une
affection tendre et leur en donnait des preuves
en toute occasion. Fidèle aux traditions de sa
famille, elle ne les renvoyait pas lorsqu'ils de-
venaient malades ou infirmes. Elle ferma les
yeux à son ancienne cuisinière Marie, et fut
pour Augustine Massonnat qui lui succéda, la
plus dévouée des mères.

D'abord d'une santé florissante, Augustine
dépérissait insensiblement. Aux premiers symptômes, sa maîtresse alarmée consulte le médecin. Les prescriptions, exactement suivies, restant sans résultat, Mme de Châtillon conduisit
la jeune bonne à Lyon, auprès du célèbre
docteur Teissier, puis, vers un médecin de
Genève. Les nouveaux remèdes ne la guéris-
sant point, elle l'accompagna à la Grotte mira-
culeuse de Lourdes. Comme la maladie valait
mieux pour son salut que la guérison, leur vœu
ne fut pas exaucé. Toujours fidèle à l'axiome :
« Aide-toi, le Ciel t'aidera, » la dévouée Baronne, sacrifiant ses goûts, passera avec Augustine, dans l'espoir de prolonger et de soulager
les jours de sa chère malade, l'arrière-automne
et l'hiver à Châtillon. Elle l'installe dans sa
chambre, la plus vaste, la plus aérée et la plus
gaie du château. Elle prend une sœur d'Augustine pour le service de la maison, se réservant à
elle-même de soigner et de veiller la malade,

jusqu'au dernier soupir. Elle l'a pleurée, comme si elle eût été sa fille unique.

« Si quelqu'un n'a pas soin des siens et particulièrement de ceux de sa maison, il a renoncé à la foi et il est pire qu'un infidèle. »

Mais à Mme de Châtillon conviennent ces paroles de la Sagesse : « Elle ne craint pas l'hiver pour sa maison, parce que tous ses serviteurs ont deux vêtements.

« Elle a veillé sur les siens et n'a pas mangé le pain de l'oisiveté.

« Aussi son dernier jour sera plein de joie. »

Nulle part se réalise mieux que chez elle cette parole : les bons maîtres font les bons serviteurs.

Il n'y a pas d'éloquence plus douce, plus persuasive que celle de la vie. Les œuvres éclairent l'esprit, émeuvent le cœur, inclinent la volonté vers le bien. C'est en considérant les exemples des serviteurs de Dieu que le jeune Augustin conçut le dessein de briser ses fers et s'écria : « Eh quoi ! je ne ferais pas ce qu'ont fait ceux-ci et ceux-là ? Dieu n'a pas créé des forces, des aptitudes sans emploi, d'activité sans objet et sans but. Aussi, demandera-t-il à chacun l'usage qu'il aura fait des dons de l'esprit, du cœur, de la santé et de la fortune qu'il lui a confiés. »

Si nous voulons aller au fond de notre pensée, nous y trouverons toujours le sentiment de notre responsabilité : car la conviction de notre inutilité sur la terre, la plus pénible, la plus humiliante, la plus douloureuse de toutes les souffrances, n'est jamais l'aveu de notre impuissance, mais de notre paresse et de notre égoïsme.

CHAPITRE X

Tout est là.

Loi et Prophètes. — Égoïsme, ennemi capital. — Le désert. — Aumône, précepte, conseil. — Ce que le pauvre donne.

Aimer les pauvres à force d'aimer Dieu, « tout fut là » pour Mme de Châtillon. En dehors de là, elle ne voyait que stérilité, étouffement du cœur sous l'étreinte de l'égoïsme.

Il lui eût été facile de s'aimer elle-même, d'aimer pour soi, à l'exclusion des autres, les créatures dont les charmes captivent ; mais aimer saintement les malheureux, les délaissés, les petits, les faibles, c'est là le difficile.

Avant le péché, le cœur suivait sa voie sans

effort, allant saintement de l'homme à l'homme et de l'homme à Dieu. « L'amour ne faisait qu'un avec le bonheur. » Le péché, qui est l'absence de l'amour, a jeté le désordre dans les cœurs, a paralysé leurs nobles élans. Alors, plus de mouvements au dehors, plus d'épanouissement, plus de vie communicative, mais une immobilité stérile et la mort par l'égoïsme.

« Quand le vent du soir frôle les sables du « désert, on entend au loin comme un long « sanglot. Ecoute, dit alors l'Arabe, écoute le « désert ! Entends-tu comme il pleure ? il se « lamente parce qu'il voudrait être une prai- « rie (1). »

Telle est l'image du cœur humain.

Se repliant sur lui-même, il se glace et s'atrophie ; il gémit et souffre.

---

(1) Ducamp, cité par l'abbé Buathier.

Rendre à son âme son rayonnement, son élan primitif, *tout était là* pour Mme de Châtillon. A force de peines et d'efforts, elle sortit d'elle-même, se dégagea des entraves du *moi*, et se fraya, à la clarté de la foi, la route qui conduit au foyer de l'amour de l'homme pour l'amour de Dieu. Embrasée du feu divin, son âme se dilata dans cette charité dont la nature est d'être sans limite et sans fin, et qui, passant par le Cœur de Jésus, y ravive sans cesse, dans ses profondeurs infinies, son inépuisable fécondité. Se déprendre d'elle-même et s'éprendre d'autrui ; se dépenser pour la gloire du Père céleste et de ses frères, ce fut toute sa vie, tout son bonheur.

Il n'est pas nécessaire que Jésus lui apparaisse couvert de la moitié du manteau que le soldat Martin avait jeté sur les épaules du mendiant d'Amiens, ou bien sous les hardes du lépreux que sainte Elisabeth avait placé avec respect dans le lit royal de son époux. La foi lui montre le Christ dans l'indigent ; elle voit en lui l'image de la pauvreté divine de Notre-Seigneur, l'héritier de ses promesses, l'enfant de son Eglise, le membre privilégié de son corps mystique.

Cette vision du pauvre Divin de la crèche, à travers les haillons de la misère et de la souffrance, activait son abnégation et l'élan de son dévouement. Elle trouvait les jours trop courts pour les dépenser aux bonnes œuvres ; ses pieds et ses mains étaient infatigables !

Elle aimait tous les indigents. Si elle avait des prédilections, c'était pour ces abandonnés, perdus dans le mystère de leurs douleurs, vivant à côté de nous, que nous ne connaissons pas, et qui souffrent plus du manque d'un cœur qui les aime, que de la disette de pain.

Saint Ambroise n'a-t-il pas dit : « Rien n'est plus utile que d'être aimé. »

En leur donnant cette affection dont ils sont affamés, elle pouvait dire, comme la sœur de saint Louis au Roi de France : « Beau Sire, cet habit que je confectionne n'est pas pour vous ; je le réserve à un prince plus grand que vous. et qui m'est encore plus cher, car c'est à un pauvre que je le destine. »

Dans l'ardeur de sa foi, la généreuse Baronne consacre au Prince divin, dans la personne des pauvres, tout ce qu'elle a de meilleur, afin de pouvoir lui répéter, dans une joie que rien n'égale : « *Je vous aime, ô mon Dieu* (1)! je n'ai que mon cœur à vous donner ; ma fortune, vous me l'avez prêtée ; le superflu est une dette ; je ne suis que votre aumônière reconnaissante, je ne désire qu'une chose, distribuer votre bien selon vos intentions providentielles. »

Mme de Châtillon ne réservait pour elle que le strict nécessaire. Afin de donner davantage, elle économisait sur tout. « Je ne saurais com-

---

(1) Paroles de la prière composée par elle.

ment faire, disait-elle, pour dépenser pour moi cinq centimes de moins par mois. »

Comme Dieu mesure le mérite sur le sacrifice, — car le denier de la veuve pauvre lui a été plus agréable que l'or du riche, — notre veuve s'est dépouillée jusqu'à *la gêne*, la gêne extrême : « Mes héritiers, loin de perdre, y gagneront : j'ai prêté à Dieu ; débiteur royal, il rendra aux miens au centuple ce qui a été donné en son nom, même dès ce monde, faisant réussir leurs projets, prospérer leurs entreprises, fructifier leurs champs, régner l'honneur, la foi, la vertu, la paix dans leurs foyers. »

Extérieurement, le riche donne, le pauvre reçoit. Aux yeux de Dieu, les rôles sont intervertis : le riche reçoit et le pauvre lui donne un accroissement de faveurs temporelles, la grâce et le royaume éternel.

En accomplissant la loi de l'aumône non seulement en ce qu'elle a d'essentiel, mais de parfait, Mme de Châtillon s'enrichissait et enrichissait les autres. Sans doute, le commun des chrétiens satisfait au précepte général de l'aumône en versant de sa surabondance dans le sein des indigents. Gardant la loi, ils auront la vie éternelle. « Mais, dit le Seigneur, si tu veux être parfait, s'il te plaît d'avoir le centuple, de t'asseoir un jour sur le trône pour juger le peuple des Saints, va, vends ton bien, donne tout aux pauvres. » Assurément, un tel sacrifice, comme tous les sacrifices héroïques, n'est que de conseil, « mais l'héroïsme, s'il n'est pas nécessaire dans aucun individu, est nécessaire dans l'Eglise de Dieu. Voilà pourquoi, depuis le Pauvre de la crèche, la pauvreté a toujours eu ses héros sur la terre, pour reproduire perpétuellement le Christ ici-bas, et apprendre aux hommes que les biens de ce monde ne sont pas les vrais biens. »

Prenant la pauvreté de Jésus pour modèle, M⁻ de Châtillon voulut posséder comme ne possédant pas ; c'est pourquoi elle soumit la disposition de ses biens au vœu d'obéissance. Elle se contenta, pour son entretien, d'une très modique somme fixée par le maître de sa conscience.

Elle exercera largement le devoir de l'hospitalité, mais elle ne s'écartera pas, pour elle, de l'esprit de la pauvreté évangélique. A ses yeux le confortable est superflu, si le moins confortable suffit; le nouveau est superflu, si l'ancien peut servir; ce dont on ne doit user que plus tard, est aujourd'hui superflu, puisque aujourd'hui on n'en fait point usage. Le soulagement est superflu quand, avec un courage ordinaire, on peut porter sa peine.

O Dieu! que d'illusions peut-être ici! que de sophismes pour conserver! Pour une âme qui le superflu fait peur, n'y en a-t-il pas cent qu'il séduit?

Sachant que la richesse est un lourd et dangereux fardeau, Mme de Châtillon refuse, par esprit de délicatesse et de pauvreté, de vendre

son rocher de Châtillon, dont on lui offrait une
somme dix fois supérieure à sa valeur réelle.

Se rappelant que Jésus a dit par la voix du
Prophète royal : « Je suis pauvre et souffrant, »
elle ne se plaignait pas lorsque parfois sa pauvreté lui était douloureuse. Elle la porta non
seulement avec patience, mais encore avec actions de grâce.

Libre des mille servitudes que crée l'attache-
ment aux biens terrestres, son cœur se dilatait
en Dieu. Elle le possédait et en était possédée :
c'était là toute l'ambition de la pieuse Baronne
de Châtillon.

CHAPITRE XI

Charité catholique

Choléra de 1867. — Ambulance de 1871.
Inondation de 1875.

La Charité est catholique, au sens original du
mot, c'est-à-dire universelle. Ne faisant pas
acception des personnes, elle ne tient compte
que de la souffrance : sur tout le monde elle a
les yeux. Au malheureux qui tend la main, la
Charité ne demande pas : quel est ton Dieu ?
Elle dit : tu souffres, tu es errant, sois le bien-
venu, tu es à nous.

Suivant cette doctrine, Mme de Châtillon ne
répondait pas au mendiant : vous êtes étranger
à la ville, à la paroisse, restez chez vous, j'ai

mes œuvres, mes pauvres, je ne puis suffire à tout! Elle ne reconnaissait d'autres titres à l'aumône que le besoin, et laissait à Dieu le soin de juger le reste. Son dévouement était acquis à tout bien à faire, à tout mal à combattre, à toutes larmes à essuyer. Son cœur, ses mains, sa bourse, étaient toujours ouverts aux malheureux : son cœur pour compatir à leurs misères, ses mains pour donner l'aumône et panser leurs plaies, sa bouche pour les exhorter à supporter la pauvreté avec ses souffrances, et pour les consoler. Elle savait que, dans leur abandon, ils ont encore plus besoin de foi et d'affection que de secours matériels.

Mme la Baronne ne se laissait pas abattre par les mécomptes et les déceptions, se confiant en Dieu qui ne fait jamais défaut à celui qui cherche les pauvres, car s'ils résistent à tous les dévouements, Dieu est toujours présent pour agréer et bénir la visite qui n'a pas abouti et pour

compter l'argent que l'on croit perdu. Se faisant
un bonheur d'obliger tout le monde, elle ne
refusait jamais. Elle donnait toujours quelques
deniers au moins, et largement de l'abondance
de son cœur.

M** de Châtillon avait une charité catholique. Elle s'intéressait effectivement à toutes
les œuvres de miséricorde, corporelle et spirituelle : œuvres générales, œuvres locales, nulle
n'était exclue de son budget.

Lorsque, le 7 septembre 1867, le choléra
sema la désolation dans notre ville, principalement au faubourg Maché, où il moissonna
cent vingt victimes dans l'espace d'un mois,
la Baronne se multiplia au sein des familles éprouvées, servit de mère aux orphelines,
en reçut à ses frais un grand nombre à la
Providence, fit entrer à l'Orphelinat celles qui
avaient l'âge réglementaire, et en plaça d'autres
à la campagne dans des maisons sûres, moyennant 10 francs de pension par mois.

Trois ans plus tard, éclate la malheureuse guerre avec la Prusse. Les défaites de Reischoffen, de Forbach, ouvrent, hélas ! cette série de désastres qu'une plume française se refuse à décrire. La capitulation de Sedan, la déchéance de Napoléon, amènent la proclamation de la nouvelle République. C'était le 4 septembre 1870.

A cette nouvelle, la populace de Chambéry affolée envahit la Mairie. On décroche les portraits de l'Empereur et de l'Impératrice, et on les traîne à travers les rues au chant de la *Marseillaise.*

Mme de Châtillon, sortant de la maison des Orphelines, où elle était accourue pour rassurer ses enfants, se trouve au milieu de la mêlée frémissante, écœurée de ce hideux spectacle, elle court droit à l'Hôtel de Ville, où siégeaient nos édiles déconcertés : « Messieurs, s'écria-t-elle, tous les pouvoirs sont solidaires ; laisser bafouer les effigies du Chef du Gouvernement, c'est renverser votre propre autorité. »

Une paix douloureuse suivit la déroute de notre vaillante armée. Après avoir souillé et ensanglanté le sol de notre Patrie, l'ennemi reprit lentement la route de la Prusse. Les soldats de l'armée de l'Est qui avaient franchi la frontière suisse, rentrèrent en France par les départements de la Savoie. Dans quel état, grand Dieu ! Les vêtements en lambeaux, épuisés par les blessures, les maladies et les privations.

Alors le dévouement des Sœurs de Saint-Joseph de Chambéry se montra admirable. Mère Félicité, supérieure générale de la Congrégation, de concert avec les Dames de Marie, transforma la Salle d'asile en ambulance pour les blessés. Cent lits sont montés, et quinze Religieuses sont chargées de l'emploi d'infirmières. Mme de Châtillon ne fut pas la dernière de leurs auxiliaires à payer de son or pour le soulagement de nos braves.

L'Intendance militaire organisa une autre

ambulance de cent quatre-vingts lits dans le Manège, pour la catégorie des soldats simplement malades. Le Comité des secours n'alloua rien à cette ambulance. Mais le dévouement privé, qui regarde l'exclusion comme l'hérésie de la charité, ne laissa pas sans soulagement les martyrs du devoir. Au premier rang, nous devons signaler Mmes de Châtillon et Nicoud, Mlles d'Arcine et Nicollet. Par les mains de l'Aumônier volontaire, elles leur firent distribuer tous les secours nécessités par ces effroyables non moins qu'inoubliables douleurs. Ces charités gagnèrent le cœur des soldats, si bien que tous, un seul excepté, reçurent les Sacrements avec une foi admirable. Ces touchantes dispositions des soldats inspirèrent à l'Aumônier l'idée d'établir une œuvre militaire : messe, allocution, cercle. Le succès surpassa d'abord toutes les espérances. Trois cents communions furent données à Pâques. S. Em. le cardinal Billiet, réjoui de ces heureuses dispositions, fit

adresser au fondateur de l'œuvre, par son vicaire
général, M. le chanoine Léon Rosset, la lettre
suivante, sous la date du 25 avril 1873 :

« A notre cher Fils en Notre-Seigneur Jésus-
« Christ, Henri Monachon, aumônier de la
« Maison des Orphelines, salut et bénédiction.
« Au milieu des souffrances qui achèvent en
« Nous l'œuvre de démolition commencée par
« les années, Nous avons été bien consolé d'ap-
« prendre quel surcroît de travail vous vous
« étiez imposé dans le but de procurer aux
« militaires de garnison à Chambéry, la facilité
« de remplir leurs devoirs religieux. Nous bé-
« nissons Dieu qui, les rendant dociles à votre
« invitation, les a réunis en grand nombre
« dans l'église des Révérends Pères Capucins
« d'abord, et ensuite dans l'église plus vaste de
« Saint-Benoît, tous les dimanches et fêtes, pour
« assister à la messe, entendre une instruction
« religieuse, et aussi pour se préparer, par des

« exercices de piété, à l'accomplissement du
« devoir pascal.

« Désirant de toute Notre âme qu'une œuvre
« si bien commencée sous l'influence de votre
« zèle et déjà si prospère, soit soutenue et con-
« tinuée de manière à faire espérer, pour l'ave-
« nir, des fruits plus abondants encore, Nous
« Nous sommes déterminé, après avoir pris
« l'avis de Notre Conseil, à vous conférer le
« titre d'Aumônier de la garnison de Cham-
« béry. Vous n'avez pas à craindre que les
« fonctions attachées à ce titre soient au-dessus
« de vos forces, parce que le concours empressé
« de tout le clergé séculier et régulier, vous
« aidera puissamment à les remplir. Vous pou-
« vez, d'ailleurs, compter sur l'appui du Comité
« catholique et sur les sympathies des religieux
« habitants de la Savoie. »

La signature qui termine cette lettre fut la
dernière que donna le cardinal Billiet, de sainte
et immortelle mémoire.

Ce souvenir n'est point étranger à la vie de Mme de Châtillon, car elle fut, avec Mme la marquise Léon Costa de Beauregard, Mme la comtesse Eugène Costa de Beauregard, M. le comte Ernest de Boigne, et la Société des Mères chrétiennes, la providence particulière de l'Œuvre militaire, qui n'a pas coûté annuellement moins de 2,000 francs.

Dans la nuit du 17 au 18 janvier 1875, l'Albane et la Leysse (1) inondèrent Chambéry. Leurs flots déchaînés envahirent jusqu'à la hauteur d'un mètre vingt centimètres les magasins du faubourg Montmélian, de la rue d'Italie, des rues Croix-d'Or, de la Caserne, du Théâtre, de la place Saint-Léger, des Portiques, du quartier des Casernes, des rues Juiverie, des Prisons et du bas Maché.

------

(1) Ces deux rivières avaient déjà causé des dégâts extraordinaires en 1348, 1397, 1442, 1498, 29 août 1550, 22 février 1551, 6 septembre 1553, 1808 et 1812.

Il n'y eut pas d'effondrement de maisons, ni d'accident de personnes, mais les désastres furent très considérables.

La baronne de Châtillon porta des consolations dans un grand nombre de familles désolées ; elle laissait, en partant, des secours sur la table dans les magasins les plus éprouvés, jusqu'à des milliers de francs sous enveloppe.

C'est ainsi qu'elle savait donner. On la trouvait partout où il y avait du bien à faire, et partout où elle allait, elle laissait des gages de sa charité. Les Orphelinats de Vichy et de Moûtiers, qui eurent accidentellement l'honneur de sa visite, garderont religieusement son souvenir.

En soulageant les misères corporelles, elle visait les misères spirituelles, plus nombreuses et plus profondes encore. Non seulement elle dépensa des sommes considérables pour acheter et brûler des mauvais livres, comme nous avons eu déjà l'occasion de le signaler, mais elle s'employa ardemment à fonder des bibliothèques catholiques.

Elle eut la consolation de ramener au devoir plusieurs âmes égarées, de faire légitimer des mariages, de servir de marraine à des protestants convertis. Sa dernière pensée, nous le verrons plus loin, a été de fonder une mission dans sa paroisse de Chindrieux.

Mais il faut nous borner dans ce détail d'œuvres particulières, tant cette âme qui ne se reposait jamais, a vraiment donné à sa charité le caractère de l'universalité.

CHAPITRE XII

Autres caractères de la Charité.

*Bénignité. — Délicatesse. — Spontanéité. — Bonnes
paroles. — Traits héroïques.*

Il y a, dit saint François de Sales, « des caractères amers et âpres, qui rendent aigres,
amers tous ceux qui les approchent. » Soyons
plutôt de ceux qui, en s'éveillant le matin, se
trouvent tout remplis d'allégresse et peuvent
dire avec l'aimable Evêque : « Je me sens plus
amoureux des âmes qu'à l'ordinaire. »

La bénignité est semblable à la douce haleine
du zéphire qui fait éclater la vie, éclore les fleurs

et dorer les moissons. La raideur, au contraire, comme le froid, resserre le cœur, engendre le malaise. Le cœur du malheureux a besoin d'être réchauffé par cette bonté simple, expansive, qui provoque toutes les sympathies.

Par son affabilité, Mme de Châtillon donnait un grand prix à ses actes de charité. A l'égard des pauvres honteux, sa délicatesse était extrême. Elle respectait en eux le souvenir du bien-être passé qui rend si pénible l'humiliation présente, et cette pudeur de la misère qui craint de se découvrir et rougit de tendre la main. Elle leur faisait parvenir par des voies secrètes des secours et de l'argent. Elle savait qu'il est moins dur de souffrir dans le secret que de recourir à une personne à l'abord intimidant et hautain. Combien de malheureux ont juré haine à la Religion parce que leurs demandes ont été accueillies avec dureté, et que des paroles inspirées par la pitié et la charité auraient ramenés au bien !

« Les bonnes paroles, remarque le Père Faber, sont la musique céleste de ce monde ; elles ont un pouvoir qui semble dépasser la nature ; c'est comme la voix d'un ange qui se serait égaré sur notre terre, et dont les accents immortels blesseraient suavement les cœurs et déposeraient en nous quelque chose de la nature angélique (1). »

Fidèle à l'esprit des Saints, la pieuse Baronne accompagna toujours ses bienfaits d'une touchante bonté. Elle se montrait heureuse d'obliger, réalisant ainsi la parole de l'Écriture : « Il y a plus de bonheur à donner qu'à recevoir. »

Chaque jour, elle s'étudiait à procurer à son âme la joie d'une bonne action. « A mon réveil, disait-elle, ma pensée se porte instinctivement sur ce qui me reste à faire. » Au lieu de consumer son temps en futilités, elle allait à la recher-

____

(1) Conférences spirituelles. *Bonté en paroles.*

che de quelque réduit où elle pourrait ramener le sourire sur des lèvres flétries, faire sauter de joie des enfants affamés, changer en paroles de bénédiction les murmures blasphématoires contre la divine Providence et contre la fortune égoïste.

Citons quelques traits.

C'était en plein hiver, un hiver bien rude! Dans un bouge, régnait la plus épouvantable misère. Point de meubles, point de linge, point de feu, point de pain. Trois enfants grelottaient couchés ou plutôt enfouis dans la paille, à peine vêtus. Le père, désespéré, se tenait près du grabat où sa femme venait de mourir en donnant la vie à deux jumeaux. Mme de Châtillon accourt. A ce spectacle affreux, sans une minute d'hésitation, elle coupe son châle en quatre morceaux, en enveloppe les quatre plus petits, met le cinquième dans le pan de sa robe, et dit au père en prenant elle-même deux de ces infortunés par la main : « Prenez les deux qui restent, et suivez-moi. » Arrivée à l'hospice de la Charité : « Ma Sœur, s'écrie-t-elle, c'est une famille entière que je vous amène : il faut une nourrice pour deux, vous soignerez les autres, tout à mes frais, bien entendu. »

Une mère de cinq enfants en bas âge venait de mourir. La misère de cette famille était grande. Mme de Châtillon se charge de faire élever les deux filles, dont l'une est devenue Religieuse; elle paie, par les mains d'un prêtre, 300 francs par an pour l'apprentissage de l'un des fils. Le père et les deux autres enfants purent, dès lors, se suffire.

Elle remercia le père de lui avoir confié ses enfants, embaumant ses bienfaits du parfum de la bonne grâce.

C'est là le secret de réjouir ceux qui pleurent, de se faire bénir de Dieu et des hommes.

Le Seigneur chérit celui qui donne avec joie, et verse dans son âme des délices ineffables. Cette joie est la récompense de la vertu. Mais avant de la goûter, il faut dompter la nature, qui n'abdique jamais absolument ses droits.

Ce n'était pas sans répugnance que Mme de Châtillon lavait les plaies, peignait les pauvres, remuait les grabats ; ce n'était pas sans répugnance qu'elle sentait courir sur elle la vermine de ses pauvres. Cependant, elle éprouvait tant de consolation dans l'accomplissement de ces actes d'héroïque charité, qu'elle disait quelquefois : « J'ai peur de recevoir ma récompense sur la terre. »

Elle avait une tendre prédilection pour une bonne vieille et la visitait au moins une fois le jour. Un matin, après l'avoir lavée, peignée, coiffée de son bonnet blanc, elle l'embrassa avec joie : « Ce baiser, racontait plus tard la vieille, m'a rajeunie de vingt ans. C'est le plus grand honneur de ma longue existence. » — « Lorsque vous m'aurez fermé les yeux, dit-elle, un jour, à sa bienfaitrice, vous prendrez mon petit crucifix. C'est tout ce que je puis vous donner pour tant de bontés ! » Mme de Châtillon garda précieusement le crucifix de la brave femme.

CHAPITRE XIII

L'esprit du cœur.

*Époux réconciliés. — Une marchande et ses trois
filles sauvées de la ruine. — Une famille de huit
personnes secourue et établie. — Une mère romanesque.*

'ESPRIT du cœur consiste dans cette délicatesse exquise, dans ce tact, cette justesse
d'aperçu, cette intuition des rapports qui saisit
avec une rapidité étonnante les moindres nuan-
ces des situations et des choses. Mme de Châtillon avait cette qualité du cœur.

Admirable d'à-propos, elle avait sur les lèvres
le mot qu'il fallait dire, et dans la main la flèche
qui allait droit au cœur. Du premier coup d'œil,
elle voyait comment une affaire embarrassante
devait être entamée et conduite.

Une femme des environs de Chambéry avait
déserté le toit conjugal. La Baronne va dans
son réduit et l'emmène chez elle : « Claudine,
dit-elle à sa domestique, servez à manger à
cette dame. » Puis elle la fait venir et l'inter-
roge dans son salon avec bonté. Elle écoute ses
plaintes avec sympathie. A mesure que la malheureuse déversait ses colères et ses invectives
contre la brutalité de son mari, elle reprenait
un peu de calme. Insensiblement la lumière se
fait dans cette âme troublée ; elle comprend
les dangers et la honte de la séparation ; elle
comprend qu'elle a eu tort et qu'elle aurait dû
se taire quand son mari rentrait ivre. « — Il
ne fallait pas quitter le domicile. — C'est lui
qui m'a chassée, ce n'est pas à moi à me rendre. — Mais en vous soumettant, vous gagne-
rez ses bonnes grâces ; nous allons le voir.
Claudine, allez chercher ses hardes et une voiture de place. » Les voilà parties. Chemin faisant, elles récitent le chapelet ensemble. Une

heure après, elles sont à la porte de la maison que la malheureuse a quittée. Mme de Châtillon entre, tenant la femme par la main. Le mari est ému, se montre doux et accueillant, les époux s'embrassent et se promettent de vivre en paix.

Nous ne citerons pas d'autres exemples de réconciliation, nous dirons seulement que la Baronne avait dans l'âme et versait à flots ce qu'un poète appelle : le lait de la bonté.

On n'éprouvait aucune honte à lui découvrir ses misères, tant elle se montrait heureuse de les soulager. Avec elle, aucune position n'était désespérée, aucun mal sans remède.

Une veuve, chargée de trois filles en bas âge, voulut essayer un petit commerce au faubourg Montmélian. Le bénéfice suffit à peine à payer la location et les impôts. C'est la misère menaçante. Mme de Châtillon intervient : « Un seul parti est à prendre, dit-elle : vendez le peu que vous avez et allez en service. Avec votre gage vous viendrez en aide à vos enfants. Je me charge du reste. »

Elle place en éducation les deux aînées, et retire chez elle la cadette, âgée de cinq ans, en attendant de la faire recevoir à la Providence. Aujourd'hui la mère est remariée heureusement, son aînée a contracté également un mariage avantageux, la seconde est entrée en Religion, la cadette occupe une place lucrative et honorable. Elles bénissent toutes le doux nom de leur tendre mère selon la grâce.

Une famille italienne vivait, en Piémont, de l'industrie de son chef qui exerçait la profession de lithographe. La mort prématurée du père devint le commencement de ses malheurs. Pour continuer l'industrie, la veuve marie l'aînée de ses filles avec le premier ouvrier de l'atelier. Ce jeune homme, d'origine dauphinoise, était intelligent, mais il manquait d'énergie et d'expérience. Une faillite s'ensuivit bientôt.

Plus de crédit dans le pays, la famille vint se

réfugier à Chambéry. Elle se composait de huit personnes : deux veuves, l'aïeule et sa fille, quatre petits enfants, le gendre, et sa femme qui était sur le point de devenir mère. Pas la moindre ressource. La veuve, chef de famille, arrive chez Mme de Châtillon, elle lui expose sa situation désespérante plus par ses larmes que par ses paroles, car elle ne savait pas parler français.

Une âme ordinaire eût hésité à se charger seule de soulager une telle misère. Il fallait ce grand cœur qui ne recule ni devant les difficultés, ni devant les sacrifices ; il fallait cette intelligence du pauvre, cet amour divin qui rend plus fort que la mort ; il fallait ce feu sacré qui, une fois allumé, embrase le cœur d'une charité qui s'étend à tous les besoins.

Mme de Châtillon pourvoit d'abord à l'entretien de tout ce monde. Par une extrême délicatesse, elle envoie le gendre, avec sa carte, s'habiller dans un magasin de confections, lui procure une place provisoire de commis-voyageur en papeterie, puis elle lui achète un atelier·de lithographie au prix de *trois mille francs*.

Pour atteindre son âme et le ramener à la pratique religieuse, c'est par la main d'un prêtre qu'elle lui fait parvenir cette somme.

De plus, elle loue pour les femmes un magasin de bonneterie, et fait recevoir à ses frais une des filles à la Providence.

Tous ces sacrifices relevèrent cette famille dans l'aisance et le respect de la Religion. La mort est venue les cueillir successivement quelques années après. Aujourd'hui, il ne reste que le gendre, à peine âgé de quarante ans.

Une veuve, fainéante, romanesque, mère de trois garçons et de deux filles, s'installe à Chambéry. Elle aimait mieux voir ses enfants grouiller autour d'elle et les envoyer mendier, que de les laisser élever dans un asile. Toute la diplomatie de la charité fut nécessaire à Mme de Châtillon pour arracher les enfants à la faim, à l'ignorance, à l'influence du mauvais exemple. C'était en novembre 1866. Les enfants enfin sont en lieu sûr. Doués d'une bonne nature, ils apprennent à connaître Dieu, à gagner un jour honnêtement leur vie. Le difficile était de convertir la mère !

« Maintenant que vous m'avez enlevé mes enfants, dit-elle, ma seule consolation, c'est de lire et de relire les lettres que voici, et d'y répondre. » Mme de Châtillon devine le feu caché, elle aura le courage d'en faire disparaître l'aliment. Le lendemain, en effet, elle lui apporte d'abondants secours, et amenant adroitement la conversation, demande à voir ces lettres, cause de tant de plaisir. Avec l'empressement de la passion, cette femme les lui remet. La zélée Baronne feint de les lire avec intérêt, puis soudain, elle les jette dans le poêle embrasé. Impossible de décrire la fureur de cette infortunée, de répéter les injures qu'elle vomit. La nuit ne suffit pas à la calmer. Le matin du lendemain, folle encore de colère, elle entre chez la

Baronne : « Coquine, vous ne mourrez pas d'une autre main que de la mienne ! »

La Baronne l'écoute avec calme, et souriante, elle lui tend la main. La furie, vaincue, lui saute au cou en pleurant. La paix est faite. Mais il y avait péril à la laisser seule ; d'autre part, il était excessivement difficile de la déterminer à accepter une place dans un hospice : car elle préférait manquer de tout plutôt que d'indépendance. A force de bontés, de promesses, la Baronne parvint cependant à la faire entrer à la Charité en qualité de pensionnaire payante. D'abord tout alla bien, grâce aux prévenances des Religieuses. Mais après quelques mois, les idées de liberté reprenant leur empire, elle sortit pour courir la campagne. Elle ne tarda pas à tomber dans un dénûment affreux, et revint solliciter la pitié de Mme de Châtillon. La miséricordieuse Baronne, loin de la gronder, lui manifeste un dévouement plus tendre encore : « Je vais vous faire, dit-elle, habiller, et puis je vous conduirai dans un autre hospice, où vous serez à merveille. C'est à côté de vos deux filles, vous pourrez les voir quand vous le voudrez. » Elle y consentit, mais elle n'y resta pas longtemps : il y a des têtes qui s'imaginent n'être bien que là où elles ne sont pas.

Savoir soigner les maladies morales et physiques, est un don de Dieu. Nulle, mieux que Mme de Châtillon, ne connaissait les délicatesses de cet art : marcher sans bruit, toucher une plaie, administrer une potion, relever une âme découragée, tout prévoir et tout deviner. Elle avait vraiment reçu du Ciel des qualités merveilleuses pour soulager toutes les misères.

Si l'Esprit-Saint a dit : « là où n'est pas la femme, gémit l'indigent, » on peut dire : là où se trouvait Mme de Châtillon, l'indigent était consolé.

CHAPITRE XIV

L'art de rendre heureux.

La bonté. — Une mère consolée. — Césarine.
Ascendant de la charité.

ADAME de Châtillon, pour gagner les cœurs affligés, s'efforça d'imiter la conduite du Sauveur envers ses apôtres.

Toutes les fois, raconte saint Clément, que saint Pierre voyait dormir quelqu'un, il pleurait. Quand on lui demandait la cause de ses larmes : « Oh ! répondait-il, c'est que cela me rappelle la bonté immense du divin Maître. Lui qui n'avait pas où reposer sa tête, veillait à ce que ses disciples ne manquassent de rien. Il se préoccupait, pendant le jour, de notre nourriture ; pendant la nuit, je l'ai vu plus d'une fois, interrompant ses sublimes oraisons, monter dans la chambre où nous prenions notre repos, et comme il craignait que le froid ne vînt nous surprendre, il se dépouillait de son manteau et l'étendait lui-même sur nos pieds ; et si quelqu'un s'était découvert en dormant, il avait soin de le recouvrir, pour qu'il achevât en paix son sommeil. »

Au souvenir des soins affectueux de Mme de Châtillon, plus d'un ont versé de douces larmes. Les haillons couvrent souvent des cœurs d'or ! Une vieille infirme se plaisait à lui répéter : « Je vous aime ! je vous aime ! comme je n'ai jamais aimé personne, je pleure de bonheur en pensant à vos bontés. »

Comme l'homme ne vit pas seulement de pain, le pauvre est souvent plus sensible à l'aumône d'une affectueuse estime, que tous peuvent faire, qu'à l'aumône d'argent.

Dans un quartier de Chambéry, une famille, qui avait connu des jours heureux, était terriblement éprouvée. Le père venait de mourir après une longue et douloureuse maladie qui avait épuisé toutes les ressources. Il laissait quatre filles en bas âge. Pour comble de malheur, la jeune veuve est atteinte d'une maladie qui ne pardonne jamais. Elle est plus tourmentée du présent et de l'avenir de ses enfants, que du mal qui la consume à petit feu. Tout manque au triste foyer. Elle ne peut travailler, et ses filles ne savent rien faire. Césarine est pour ses sœurs un petit démon. Quelle désespérante situation ! Mme de Châtillon, toujours prête à soulager, accourt auprès de cette touchante infortune. Espoir, pauvre mère ! Le prophète a dit : « J'ai été jeune, j'ai vieilli, et je n'ai point vu le juste abandonné et ses enfants périr de faim... le Seigneur le soutient et le rassasie au jour de la famine. » C'est Lui qui m'a inspiré de venir à vous. Je vous assisterai,

je serai auprès de vous sa providence, ayez
confiance en Elle. A ces paroles, l'intéressante
malade, oubliant ses douleurs, inonda les mains
de sa consolatrice de larmes d'attendrissement
et de gratitude. Pendant les deux années qu'elle
fut clouée sur un grabat, la dévouée Baronne
prodigua les soins les plus maternels à son
corps et à son âme. Se chargeant de ses filles,
elle fit entrer de suite Marie à l'Orphelinat.

Que faire de Césarine, l'enfant terrible ? A
tout prix, il faut l'éloigner de sa mère et de ses
autres sœurs dont elle est le tourment. La caser
où ? La Providence n'est pas une maison de
correction. Les nombreux asiles de Chambéry
ne reçoivent que des vieillards ou des infirmes.
Les règlements de ces divers hospices sont inflexibles. Il ne fallait rien moins que l'ascendant
d'une charité légendaire, qui ne désespère jamais, pour obtenir une exception. Mme de Châtillon, après avoir essuyé plusieurs refus, frappe
enfin à la porte de l'Etablissement de Sainte-

Hélène, fondée par l'illustre général de Boigne, insigne bienfaiteur, qui a donné à cette ville, en œuvres de bienfaisance, trois millions six cent mille francs. Mais cet asile était destiné à recueillir, la vie durant, vingt mendiants et vingt mendiantes avancés en âge, et Césarine est à peine adolescente.

Mme de Châtillon, l'espérance des causes désespérées, présente quand même sa requête à l'administrateur de service. C'était M. l'avocat P. Goybet, qui lui dit gracieusement : « *Est-il encore dans notre ville une misère que Mme la Baronne n'ait soulagée!* Les portes de Sainte-Hélène ne s'ouvrent qu'aux vieillards malheureux; mais, *en votre considération*, Madame, il y aura une place pour votre protégée. » Et Césarine fut admise.

Après la mort de la mère, 25 juin 1876, Mme de Châtillon fit recevoir la troisième fille dans l'Orphelinat de Moirans (Isère), moyennant une modique rétribution, et confia la cadette, âgée de sept ans, à une bonne femme qui l'adopta dans la suite.

Enfin, pour terminer cette émouvante série de dévouements, disons que, par l'ascendant de ses charités, Mme de Châtillon s'était acquis une telle renommée qu'elle avait accès auprès de toutes les administrations départementales : la Préfecture, la Division militaire, la Mairie ne lui fermaient jamais leurs portes. Aussi, non moins heureuse que courageuse dans toutes ses demandes, on aurait dit qu'elle avait comme la présidence générale des œuvres de charité, tant elle obtenait, pour ses protégés, d'admissions à la Charité, à la Maternité, de congés militaires, d'emplois dans les bureaux, de places dans les magasins, de subsides de toute sorte.

CHAPITRE XV

Merveilleux effets d'une inspiration.

Rencontre à l'église. — Une famille ouvrière. — Une domestique cancérée.

Comme les Saints, la baronne de Châtillon profitait des moindres instants libres pour se livrer à la prière, et parfois Dieu sembla lui ménager des contre-temps pour la mettre sur le chemin de nouvelles infortunes à soulager.

Un jour, au travers de ses courses de charité, elle sonne à la porte d'une de ses amies, la baronne du Bourget. — Madame est sortie. — Eh bien ! se dit-elle, « allons à celui que l'on trouve toujours. » Elle entre dans l'église Métropolitaine. Après un instant d'adoration, elle voit devant le trône de la Sainte Vierge une femme assise, tenant un enfant sur ses genoux. Elle s'approche : c'était une mère implorant la Consolatrice des affligés. « — Vous paraissez bien triste, ma bonne? — Ah! Madame, mon mari est très malade, mes enfants vont mourir de faim, c'est affreux! — Où demeurez-vous? — Place Saint-Léger, dans une espèce de grenier, au fond de telle allée. — J'irai vous voir, courage! »

La pauvre mère se sentant exaucée, se lève pleine d'espérance et rentre chez elle.

Ayant achevé ses prières, la charitable dame se rend à l'adresse indiquée, s'assied au chevet de l'ouvrier malade, cause avec lui et caresse les enfants, ranimant ainsi la confiance de tous.

D'après ses ordres, d'abondantes provisions s'étalent bientôt sur la petite table. Elle fait préparer le pot-au-feu, coupe elle-même un beau morceau de pain à chaque enfant, présente au père une pâtisserie et un verre de vin vieux, en lui promettant de ne pas l'en laisser manquer jusqu'à sa guérison ; et puis, elle se retire heureuse du bonheur qu'elle a causé. Ce n'est pas tout.

Elle pourvoit chaque jour aux besoins de tous. Le pauvre ouvrier vit ses forces lui revenir. Pour activer la convalescence, Mme la Baronne, qui ne faisait pas ses choses à demi, le logea près d'elle, dans un appartement bien ensoleillé ; elle paya le semestre du réduit abandonné, et le premier du nouvel appartement. Lorsque le père put reprendre son travail, elle lui acheta de nouveaux outils pour remplacer ceux qui avaient été vendus à l'heure de la détresse. La faim ne revint plus désoler le foyer. La charité l'en avait chassée.

A ce trait de charité qui nous émeut, ajoutons-en un autre qui nous montrera l'héroïsme du dévouement auquel pouvait s'élever, avec la grâce de Notre-Seigneur, la pieuse baronne de Châtillon.

Alors qu'elle entretenait, après l'avoir sauvée, cette famille ouvrière, elle visitait, entre autres, et pansait une pauvre servante atteinte d'un cancer au sein.

Cette infortunée, obligée de quitter sa place, s'était réfugiée dans une étroite mansarde, à Porte-Reine. Elle y vivait seule, étendue sur un lit de douleur, dans l'état le plus navrant qu'il fût possible de voir. Le mal terrible dont elle souffrait la dévorait lentement. En décomposant ses chairs, il corrompait l'atmosphère de la mansarde et la remplissait de miasmes fétides, qui produisaient une infection sans nom. Vainement la malade s'efforçait-elle de la combattre, autour de ses sens, en respirant un flacon d'eau de Cologne, elle en étouffait. L'odeur envahissait même l'escalier de la maison, qui est élevée, et portait ses répugnantes âcretés jusqu'au premier étage.

De sorte que, objet d'horreur pour ses voisins, elle en était à peu près abandonnée. Il fallait, en effet, pour la visiter assidûment, plus que de la compassion ordinaire, il fallait l'héroïsme de la charité du Christ qui, franchissant les frontières de la nature, s'avance courageusement aux dernières profondeurs de l'abnégation.

Quelqu'un de compatissant fit connaître cette grande détresse à Mme de Châtillon. Elle y courut. Ce qui repoussait les autres était précisément ce qui enflammait son zèle, animait son cœur. Elle pénétra dans la chambrette empestée, soutenue par la pensée du Sauveur au milieu des lépreux, et se constitua l'infirmière volontaire de cette martyre de la plus redoutable des maladies.

Le mal fut long à accomplir son œuvre de destruction. Il paraissait vouloir lasser la patience de la malade qui était admirable, et le dévouement de son infirmière. La charité de la vertueuse Baronne en apparut que plus résistante. Ange de consolation, elle venait, chaque jour, s'asseoir au chevet de la *cancérée*, qui rappelait les épreuves du saint homme Job.

Ingénieuse, comme ceux qu'inspire le Divin consolateur, le Saint-Esprit, elle savait varier à l'infini le moyen d'endormir la torture de sa protégée : douceurs pour les sens, images pieuses, nouvelles des amies, des connaissances, des parents, récits des cérémonies de l'église paroissiale, reproduction des prédications, peinture des souffrances de l'Homme-Dieu, affirmations consolantes de la résurrection de la chair, beautés ineffables du ciel; tout lui servait tour à tour pour relever cette pauvre âme que la croix écrasait. Et nombre de fois ne réussit-elle pas à remplacer sur les lèvres de la mourante un cri de douleur par un cri d'espérance et de résignation ! Mais surtout, elle veillait à lui faire apporter souvent la sainte Eucharistie, souveraine consolation des affligés.

Enfin, cet affreux martyre s'acheva... la pauvre fille mourut. Mme de Châtillon l'accompagna au cimetière, confondue dans les rangs des domestiques. Les anges leur faisaient un invisible et glorieux cortège, chantant : « Bienheureux ceux qui ont souffert ! Bienheureux les miséricordieux : il leur sera fait miséricorde. »

CHAPITRE XVI

Le secret d'être inépuisable dans ses charités.

Esprit d'ordre. — Aimer Dieu sans mesure. — Priva-
tions. — Tout utiliser. — Se contenter du nécessaire.

LE secret d'être inépuisable dans ses charités ne consiste pas dans la fortune, car celui qui possède beaucoup désire ordinairement posséder davantage, mais dans l'intelligence et l'amour surnaturel du pauvre.

Eclairée de cette lumière, Mme de Châtillon se faisait parcimonieuse pour elle et prodigue pour les pauvres.

Elle multipliait ses dons aux fondateurs de juvénats, aux zélateurs et zélatrices des œuvres de piété, aux quêteurs de toutes saintes entreprises, aux aspirants à la vie ecclésiastique ou religieuse. Elle ne refusait jamais. Sa réputation de générosité lui attira des demandes dont Dieu seul connaît le nombre.

Ce qui augmente le prodige de ses charités, c'est que, avec une fortune plutôt modeste, elle donnait largement.

« Cinq francs, disait-elle, ne font pas long feu dans une famille où tout manque. »

Regardant Jésus-Christ dans le pauvre, elle n'osait le vêtir de haillons ou d'étoffes sans valeur. Sans doute, elle mettait du discernement dans ses aumônes, mais son discernement consistait à choisir ce qu'il y avait de plus utile, de plus avantageux à ses protégés.

Comment réussit-elle à donner si largement ? En se privant beaucoup.

Mme de Châtillon avait trouvé le secret d'être inépuisable en bonnes œuvres, dans le sacrifice d'elle-même, et dans l'esprit d'ordre et d'économie, qui est une source de prospérité.

« Si nous voulons avoir de quoi donner au bon Dieu et aux pauvres, disait-elle, il ne faut pas faire de dépenses inutiles, il faut habituer ses serviteurs à l'économie dans de petits détails qui sont de tous les instants. »

Si elle avait écouté les inspirations de l'orgueil, elle aurait, comme les mondaines, dépensé beaucoup en toilettes, festins et soirées ; mais elle se refusait cette satisfaction au profit de la charité.

Elle alla jusqu'à louer son propre appartement pour en occuper un autre bien modeste, mais qui lui faisait gagner 1,000 francs pour ses chers pauvres. Elle vendit son équipage, et réduisit le nombre de ses domestiques de quatre à un (1).

---

(1) Nous avons connu les déchirements de son cœur, les temporisations et les perplexités que lui causa la résolution de se séparer de ses vieux serviteurs, dans le but seul de donner davantage aux pauvres. Elle adoucit la douleur mutuelle de la séparation en leur assurant une honorable aisance.

Sans condamner dans les autres la toilette, qu'elle aimait du reste par goût, elle s'astreignit à une très grande modestie de vêtements.

Elle disait en souriant : « Ma mise me fait prendre quelquefois pour ma bonne ; l'amour-propre en gémit un peu, mais les pauvres y gagnent tout ce que la mode dévorerait, et moi, j'y trouve une vraie consolation et une grande indépendance. Je ne crois pas non plus indigne de ma condition de me servir moi-même, de porter un lourd paquet, de voyager en dernière classe : mes pauvres ont plus besoin que les actionnaires. »

Pour eux, elle économisait sur tout ; sa table était frugale comme celle d'un couvent ; il n'y avait dans sa maison qu'un seul feu, et qu'une seule lumière dans les longues et froides veillées d'hiver.

Elle ne fit jamais réparer son salon, le laissant tel qu'il était du temps de son mari, moins les objets de luxe qu'elle en avait enlevés. Une tapisserie rouge fort ordinaire et décolorée, en couvrait les murs ornés d'un paysage de Châtillon. On y voyait encore une pendule sur la cheminée et une glace de peu de valeur, un guéridon avec un modeste tapis, deux canapés, quatre fauteuils, six chaises brodées de ses mains. Mais il y avait sur ce chétif ameublement un éclat particulier, celui d'une irréprochable propreté, et dans cette maison un cachet de distinction très rare, celui qui résulte de la divine dignité des pauvres.

L'Esprit-Saint exalte cet art délicat de conduire ainsi une maison, qui, à lui seul, peut suffire à la gloire de la femme.

Que de bien on pourrait faire, que de mérites on pourrait acquérir en imitant cette simplicité et cette économie !

CHAPITRE XVII

Deux émulatrices du Bon-Pasteur.

Parallèle. — Mlle Guittaud et la Baronne de Châtillon. — Esprit de prière, de mortification et de charité. — Faveurs insignes. — Apostolat dans les prisons. — Ascendant de la vertu. — Voix du Ciel. — Vision. — Fondation d'un refuge. — Mme de Châtillon imite Mlle Guittaud. — Son zèle. — Puissance de la bonté. — Lettres.

A ville de Chambéry, si féconde en personnages de talent et de vertu, peut se glorifier d'avoir donné le jour à une femme qui se fit remarquer, entre toutes, par son zèle ardent pour les œuvres de miséricorde : nous avons nommé Mlle Laurence Guittaud, née en cette ville le 2 novembre 1795, au milieu de la tourmente, et baptisée avec les cérémonies de l'Eglise, le 19 février 1797.

L'histoire comptera Mlle Guittaud et Mme de Châtillon parmi les plus grandes chrétiennes et les plus illustres bienfaitrices de la Savoie. L'une et l'autre ont sacrifié leurs forces et leur fortune au soulagement des misères physiques et morales : la première fonda un asile de repentir ; la seconde, une maison de préservation.

Toutes les deux, à l'instar du chasseur, se tenaient toujours à l'affût de quelque malheureux à secourir, de quelque âme à sauver. Toutes les deux, favorisées des dons de la charité fraternelle, de l'esprit de renoncement, d'immolation et de prières, ont châtié leur corps et vaqué longuement à l'oraison le jour et la nuit.

Toutes les deux aussi, à la fin de leur vie, rencontrèrent des tribulations, de profonds froissements dans l'œuvre respective, où elles avaient mis leur cœur tout entier. Ayant soutenu, trente-cinq ans, ensemble, les mêmes combats, n'est-il pas juste de les unir un instant dans la louange ?

Directeur de Mlle Guittaud pendant plusieurs années, nous lui ordonnâmes (octobre 1866), en vue d'édifier les âmes, d'écrire les secrets de sa vie, qu'elle n'avait révélés à nul autre, en dehors du tribunal sacré ; ce qu'elle fit, malgré une vive répugnance, dans dix cahiers, dont la plus grande partie a été textuellement publiée en un volume de 284 pages (1).

Dès l'âge de raison, Laurence passait beaucoup de temps en prière le jour, et même la nuit. A mesure qu'elle grandissait, elle prolongeait ses veilles et ses oraisons pour obtenir la conversion des pécheurs, le soulagement des âmes du Purgatoire. Dans la nuit du jeudi au vendredi, de 11 heures à minuit, elle méditait sur

____

(1) *Vie de Mlle Laurence Guittaud* ; Chambéry, imprimerie Savoisienne, 1891.

la Passion de Notre-Seigneur. Cette amante de Jésus crucifié endura, dans le métacarpe des mains, des douleurs indicibles, dont la cause nous est inconnue. Elle n'en parla à personne autre qu'à son directeur, qui lui dit : « Il suffit de croire que la souffrance vient de Dieu, pour notre glorification. »

Au beau jour de sa première Communion, à onze ans, elle se consacra à Jésus-Christ par le vœu de virginité, qu'elle renouvelait annuellement. Lorsque son père voulut obtenir son consentement pour la marier, elle s'évada par la fenêtre de sa chambre dans la maison de campagne, à Montagnole, près Chambéry.

Dans les communions qu'elle avait le bonheur de faire, dès lors, plusieurs fois la semaine, et plus tard, tous les jours, elle recevait des faveurs singulières, de fortes inspirations qui la pressaient de tout faire pour Dieu seul, de tout souffrir par pur amour et pour le salut des âmes.

Aussi, chaque jour, elle s'imposait des péni-

tences ; elle se donnait souvent la discipline
et portait habituellement le cilice et deux an-
néaux de fer aux bras.

Grâce à une vive horreur de tout péché, à son
esprit de foi, à sa dévotion à l'adorable Trinité,
à la Sainte Vierge et aux anges, Mlle Guittaud
conserva une pureté *extraordinaire, angélique.*

A dix-neuf ans, sa réputation de piété, de
charité, était déjà si bien établie, qu'elle fut
appelée à exercer son zèle dans les prisons de
Chambéry, alors dans un état lamentable au
point de vue matériel et moral. Vingt-quatre
ans, elle évangélisa les recluses et les reclus,
subvenant à leurs besoins, retirant chez elle, ou
plaçant en lieu sûr les femmes libérées. « A tous
ceux et celles qui partaient pour les galères, —
écrit-elle dans ses Mémoires, — je donnais deux
francs et les habillais. » Plus loin : « C'était au
fort de l'hiver, une fille me fait compassion par
son déshabillé ; de suite, je quitte mes vêtements
les plus chauds pour l'en revêtir. »

Par la bonté de ses paroles, la ferveur de ses prières, elle obtenait des condamnés à mort la réconciliation avec Dieu et les hommes ; des autres, la résignation chrétienne et le pardon des ennemis. Chose étonnante ! bien loin de rencontrer des résistances obstinées, elle faisait des conversions désespérées. Devenue par sa charité une sorte de puissance et d'autorité, elle obtint du Roi la liberté de plusieurs compromis politiques de 1830, et pour un officier la commutation de dix ans de galères en six ans de réclusion, « *grâce qu'aucune autre recommandation ne pouvait obtenir (1).* » Une autre fois, Charles-Albert témoigna à Mlle Guittaud sa haute déférence, en approuvant le règlement qu'elle avait dressé pour les prisons, ainsi que l'installation des Sœurs de Charité pour la direction intérieure.

L'apostolat des prisons lui inspira le dessein de créer une maison de refuge. Convaincue de

______

(1) Lettres patentes, Charles-Albert.

la nécessité de cette œuvre, par l'expérience qu'elle avait acquise, elle commença par retirer chez elle quelques malheureuses filles adonnées au désordre. Dans l'espace de huit mois, elle en réunit ainsi vingt-six, que l'autorité diocésaine, mal informée, lui enjoint bientôt d'avoir à renvoyer.

Profondément désolée de cette opposition, elle met sa confiance en Dieu, et passe la nuit en prière. « A une heure du matin, je me suis trouvée dans un grand recueillement. J'ai vu Notre-Seigneur en croix, couvert de plaies et de sang. Notre-Seigneur m'a dit : « *Ma fille,* « *ce sont les péchés qui m'ont mis dans cet* « *état. Fais cette œuvre, c'est ma volonté, je* « *serai ton soutien dans toutes tes peines.* » J'ai cru un moment que j'allais mourir de douleur. O amour de mon Jésus ! »

Ayant reconnu ce fait véridique, Monseigneur Martinet fait appeler Mlle Guittaud, et l'autorise à garder toutes ses filles. Elle se hâte de louer

la maison Raymond, à Nezin, pour loger ces malheureuses : le Bon-Pasteur était fondé (1834) [?].

« Un matin que je me préparais à communier, j'ai entendu une voix qui me disait :
« Pars pour Grenoble pour y voir une maison
de refuge. » Cette voix m'a accompagnée jusqu'à
la Table sainte. Elle était si forte que je me
suis retournée pour voir si quelqu'un me parlait. Ne voyant personne, j'ai compris que c'était
la volonté de Dieu. Je suis allée parler à mon
confesseur de cette voix que j'avais entendue,
en lui disant que je pourrais être dans l'illusion.
Il m'a dit : « Non, mon enfant, vous n'êtes
pas dans l'illusion ; partez pour Grenoble. »

Assurée que son dessein était voulu de
Dieu, elle résolut de se dépouiller de sa fortune
personnelle, et commença par vendre sa propriété d'Arbin pour la construction de l'établissement. Puis, le prix de la vente, quelque important qu'il fût, ne suffisant point encore à
cette œuvre, elle se fit mendiante pour Dieu.

Elle parcourt la Savoie, la France, la Suisse et l'Italie, de Rome à Milan, quêtant des aumônes et dressant des loteries. « Je n'ai reculé, raconte-t-elle, devant aucune démarche, aucune fatigue, aucun péril, pour réussir dans cette œuvre qui m'a coûté tant de peine : des tribulations, des calomnies, d'oppositions dont Dieu seul a été témoin. »

L'Académie française, voulant couronner une vie héroïque de vertu et de dévouement, lui décerna, le 23 juillet 1863, le premier prix Montyon.

C'est à l'exemple de Mlle Guittaud, son amie, que la baronne de Châtillon s'enflamma de zèle pour sauver le sexe faible des séductions du monde. Dans les confidences que provoquait sa renommée de discrétion et d'indulgence, elle avait rencontré tous les degrés douloureux de la misère morale, qui commencent par la séduction et finissent par l'infamie.

Elle avait reçu l'aveu de hontes profondes,

de poignants remords, et d'efforts infructueux pour échapper au stigmate du déshonneur.

Elle ne cherchait pas d'abord la cause de la chute ou du malheur, pour ne voir que l'infortune et s'en approcher avec pitié. Ne songeant qu'à sauver la femme qui se perd et va disparaître dans l'abîme du désespoir, elle lui tendait une main émue, l'aidant à relever son courage épuisé par une trop longue lutte.

Par l'amabilité de ses prévenances, par la délicatesse de ses procédés, Mme de Châtillon eut souvent la joie de rompre de dures chaînes, de ramener des égarées au chemin du devoir, d'en abriter temporairement chez elle, et de faire entrer dans un refuge celles qui avaient besoin, pour leur retour à la vertu ou leur préservation, d'un air plus pur, d'un régime plus sévère que celui qu'offre le monde.

Mme de Châtillon redoutait la vie dans le monde pour Anne-Marie D... Il y avait six ans qu'elle l'avait fait entrer à l'Orphelinat. Le terme de sa sortie était venu. Ne voulant pas la renvoyer dans sa famille, elle la confia, en qualité de servante, à une pieuse demoiselle qui demeurait à la campagne.

La Baronne ne la perdait pas de vue, s'informait souvent de ses tendances et de ses allures. Et dès le jour où ses craintes maternelles pour la conservation de l'innocence d'Anne-Marie furent fondées, elle arrive chez sa maîtresse, s'entend avec elle et dit à Marie : « J'ai pour toi une excellente place, fais ta malle, une voiture nous attend. » On y monte, on cause familièrement, on égrène le chapelet, et, une heure après, voilà que le cheval s'arrête devant la porte d'un refuge. Anne-Marie, déçue, s'assombrit, pleure abondamment. Mais bientôt ses larmes de tristesse sont changées en larmes de joie.

C'est là que Dieu la voulait. Elle y est heureuse, elle aime cette vie paisible, doucement occupée, à l'abri des agitations et des dangers du monde. Après quelques années passées dans cette retraite, Anne-Marie fut admise au nombre des Madeleines. Edifiante Religieuse, elle bénit la mémoire de celle qui fut sa providence.

Cette autre jeune fille est environné par la plus fascinante des séductions, celle qui se cache sous l'apparence de la vertu et de la sincérité.

Elle était sur le point de devenir victime de sa confiance. Dans son effroi, elle écrit à Mme de Châtillon, qui lui répond : « Venez vite, un abri vous attend, je suis votre mère. »

Quelques semaines de repos suffirent pour rasséréner son esprit et son cœur. Bientôt la Baronne lui trouve une place où, si elle y gagne moins d'argent, sa vertu, plus précieuse que l'or, est en sécurité.

Cette autre, moins avisée et moins craintive, appelle trop tard au secours! mais ce ne sera pas en vain. Aux yeux de la Baronne, il n'est pas de malheur sans remède. Elle saura couvrir les blessures de la téméraire du manteau de la charité et du voile du silence. Grâce à sa sagesse, rien ne transpira devant le public. Et la jeune pécheresse a repris du service avec la réputation d'honnêteté dont elle avait joui jusqu'alors.

On disait autour d'elle : c'est sa faute. Dure et révoltante parole ! se disait tout bas la zélée Baronne. Elle est coupable, c'est précisément ce qui lui vaut ma plus vive compassion. Notre-Seigneur ne montra que bonté envers les pécheurs. La bonté est le meilleur apôtre de son sang rédempteur. Un sourire sympathique, un regard ami, une parole qui parle affectueusement, peut faire ce que Dieu seul peut en réalité : la bonté chasse le désespoir, ravive l'espérance, réhabilite les âmes. Oui, son pouvoir est sans égal ici-bas :

> Eh ! qui n'a pas senti l'inévitable empire
> Qu'exerce la bonté sur tout ce qui respire ?
>
> (Ducis.)

Pour être discret et ne pas fatiguer le lecteur, nous n'ajouterons que quelques traits de cette charité persévérante, inépuisable.

Un jour, Mme de Châtillon passait par le boulevard de Chambéry, causant avec son frère.
Elle voit venir, du côté de la gare, une jeune
fille accompagnée d'une femme pour laquelle
elle n'avait pas d'estime. « Edgar, laisse-moi,
je soupçonne une infamie. » Elle ne se trompait
pas. Elle suit les deux femmes, et les voit entrer dans un cabaret de mauvais renom, où le
marché avait été conclu d'avance. La Baronne
pénètre dans le cabaret. Sa présence interloque
et confond la maîtresse du logis, et autant par
l'émotion que donne une parole de cœur qu'à
prix d'argent, elle obtint d'emmener la jeune
étrangère, à peine âgée de seize ans. Elle la fit
élever ; aujourd'hui, cette fille gagne honnêtement sa vie.

« Que de fois, m'a écrit le baron d'Anglejan,
j'ai vu, chez ma sœur, des filles affolées, qui
venaient sans la connaître ou ne la connaissant
que de réputation, et qui paraissaient, en sortant, raffermies et consolées ! »

Sa porte était toujours ouverte à ces sortes de visites, et de plus, pour les faciliter, elle avait des jours qui leur étaient spécialement consacrés.

Les obstacles ne la faisaient pas reculer. Elle savait les tourner, au besoin, pour atteindre son but. Sa sollicitude et son action accompagnaient ses protégées de loin comme de près. Elle les dirigeait par ses conseils, ses réprimandes, ses encouragements maternels, et les déplaçait dans l'occasion.

Le 22 novembre 1876, elle écrivait en Lombardie, à F. G., qu'elle venait de placer pour la dix-huitième fois :

« Ma chère enfant,

« Ta lettre a fait enfin cesser mes anxiétés.
« J'ai beaucoup souffert de ton silence. Je crai-
« gnais un déplacement encore, et sans m'avoir
« consultée ; je suis heureuse d'apprendre que
« tu es contente et que tes maîtres sont satis-
« faits de ton service et de ta bonne conduite.

« Restes-y longtemps. Il faut gagner son pain
« à la sueur de son front. C'est le châtiment du
« péché. Accepter avec foi cette pénitence, c'est
« la condition de notre salut. Quiconque veut se
« sauver, doit porter le poids du travail, les uns
« d'une façon, les autres d'une autre. Partout
« aussi, il y a des peines à essuyer, de la sou-
« mission à subir, de la patience à prendre, de
« la violence à se faire pour opérer le bien et
« éviter le mal. Rien de bon *sans peine*, ni pour
« ce monde, ni pour l'autre. L'essentiel, c'est
« de gagner le Ciel. Là-haut, on aura le temps
« de se reposer. La chose est facile : sois fidèle
« à demander chaque jour à Dieu la grâce de
« ne pas l'offenser, de bien remplir tes devoirs
« envers tes maîtres, d'éviter les occasions dan-
« gereuses; sois fidèle à invoquer souvent la
« Sainte Vierge, à fréquenter les Sacrements :
« et tu seras bénie, estimée, heureuse, autant
« qu'on peut l'être en ce monde, où jamais
« personne n'a rencontré le vrai bonheur. La

« seule joie ici-bas, se trouve dans le bon té-
« moignage de sa conscience, c'est-à-dire dans
« la pratique de la vertu, l'observation des com-
« mandements.

« N'envie pas les gros gages, qui sont, hélas !
« trop souvent gros en périls. Tu es chez des
« maîtres chrétiens, où tu as toute la facilité
« d'être pieuse, ne songe jamais à les quitter.
« Je compte d'ailleurs que tu ne prendras au-
« cune détermination avant de m'avoir con-
« sultée. A ton âge, on ne peut se passer impu-
« nément de bons conseils.

« Avant de te bénir et de t'embrasser, je veux
« encore te donner un conseil : celui d'être
« très modeste dans ta toilette et très sérieuse
« avec les personnes du sexe différent. Défie-
« toi de toute flatterie, c'est le serpent caché
« sous des fleurs.

« Adieu, ma chère enfant. Celle qui t'aime
« comme sa propre fille,

« Baronne de Chatillon. »

15

Florentine a écouté les conseils de Mme de Châtillon, correspondu à ses bontés. Grâce à sa conduite et à l'appui de ses maîtres, elle a fait un mariage avantageux et, qui plus est, chrétien.

A la nouvelle de la mort de son insigne bienfaitrice, Florentine nous envoya une aumône de messes pour le repos de son âme, avec les lignes suivantes, qui sont une confirmation des prodiges de charité dont la vie de Mme de Châtillon est toute remplie :

« Je voudrais savoir raconter toutes les bontés à mon égard de cette chère et sainte dame. Le récit en ferait un gros volume. Mais bien que j'aie appris à tenir l'aiguille et non pas la plume, la reconnaissance me fait un devoir d'essayer de vous tracer ces quelques lignes. Je sais que vous comprendrez les sentiments que mon ignorance ne saurait pas suffisamment exprimer.

« Absolument orpheline, Mme de Châtillon m'a servi de mère dès ma plus tendre enfance. J'ai passé mes premières années dans les rues. Libre comme un oiseau, je faisais ce que ma petite tête chantait, étourderie sur étourderie. Placée à la Providence, je me trouvais trop contrainte, trop surveillée et gênée dans mes caprices. Dans mon enfantillage, je me suis échappée de l'établissement pour aller je ne savais où. Madame courut à ma recherche, et, sans me gronder, elle me reconduisit dans sa maison.

« Quelques années après, je lui disais : Madame la Baronne, j'ai fait réflexion : maintenant je suis grande, je sais travailler, je puis gagner mon pain. Son cœur plein de tendresse et de charité me répondit : « Mon enfant, savoir
« coudre, c'est nécessaire pour gagner sa vie,
« mais il faut encore apprendre à marcher dans
« le monde. Pour toi, ma bourse ne sera jamais
« vide, il y a au fond une médaille de saint
« Joseph qui la remplit toujours. »

« Depuis mon départ de la chère Providence, elle m'a partout suivie de sa maternelle affection. Malgré mes nombreuses étourderies, elle ne m'a pas un seul instant abandonnée. Elle m'a toujours accueillie avec une aimable tendresse, oubliant dans sa charité les réprimandes méritées, comme le Père du prodigue.

« A ces souvenirs, de douces larmes coulent de mes yeux. En regardant sa chère photographie, je suis profondément émue ; toutes ses bontés me reviennent à la mémoire, je la baise souvent d'un filial amour ; je trouve dans ce baiser une lumière, une force et une grande consolation. Je renouvelle la résolution d'être fidèle à ses conseils, en disant : bonne mère, vous ne vivez plus sur cette terre, mais dans mon cœur vous vivrez toujours. Je pleure en lui parlant, et je me console dans l'espoir qu'un jour je franchirai les barrières qui m'en séparent, et que pour toujours je la verrai au Ciel, où nous serons unies à jamais.

« En attendant, je prie le bon Dieu de vous donner la grâce et le courage d'écrire cette admirable vie, de publier les prodiges de charité de celle qui fut pour moi, et pour des milliers, la meilleure des mères. »

CHAPITRE XVIII

Le château de Châtillon.

Site pittoresque. — Un acheteur. — Berceau d'un Pape. — Lamartine et le Baron de Châtillon. — La Retraite. — La Baronne avec les pauvres et les ignorants. — Les Frères. — Les Sœurs. — Mission. Son humilité égale sa charité. — Récit d'une orpheline.

LES vieilles demeures reflètent le caractère des races qu'elles ont abritées. Chacune de leurs générations, comme la vague en se retirant, y a laissé quelque chose de soi.

Sans se soustraire à ses œuvres de Chambéry où elle revenait au moins une fois la semaine, Mme la Baronne passait une partie de l'automne en son château de Châtillon.

Châtillon est une oasis ravissante, un îlot aux flancs couverts de mousse et de pelouse, ombragé de châtaigniers et de chênes enlacés de lierre, qui s'élève gracieusement au milieu des flots à l'extrémité septentrionale du lac du Bourget. Le sommet est surmonté d'un vieux castel flanqué de tours, et dont les jardins sont échelonnés en terrasses unies les unes aux autres par de petits escaliers taillés dans le roc.

Emerveillé de ce site enchanteur, d'où le regard admire toutes les beautés de la nature, des montagnes du Jura aux Alpes éternellement neigeuses, un visiteur en offrit un jour 800,000 francs. « Refuser une pareille somme de mon rocher, répondit la châtelaine, c'est de ma part une folie, mais j'aime mieux en avoir le regret que de vous le causer. Je ne voudrais pas vous priver de la consolation de faire un plus sage emploi de votre fortune. »

Parler de l'antique manoir, ne nous paraît pas briser la trame de notre récit. C'est rappeler des

LE CHATEAU DE CHATILLON SUR LE LAC DU BOURGET

souvenirs familiers à Mme de Châtillon. Elle a habité quarante-quatre ans ce castel aux formes bizarres, aux murailles cyclopéennes, parcouru ces jardins en amphithéâtre sous des berceaux de pampres, se mirant dans les eaux bleues du grand lac.

Souvent nous l'avons entendue s'écrier en contemplant le paysage : « O mon Dieu ! mon Dieu, que vous êtes beau dans vos œuvres ! Mais ces beautés ne satisfont pas mon cœur. Elles ne sont que le pâle reflet des beautés toujours nouvelles de la patrie après lesquelles je soupire uniquement. Et puis, qu'y a-t-il de stable dans toutes ces magnificences de la création ? Ici même, à des jours d'une incomparable sérénité, succèdent d'effrayantes perturbations de la nature. Alors, les flots se brisent en gémissant contre mon rocher, de sombres nuages pleins de tempête l'enveloppent d'obscurité ; le roulement du tonnerre fait trembler le sol jusque dans ses fondements. Non, il n'est point ici-bas de paix sans mélange. Vous le voulez ainsi, ô mon Dieu! pour qu'on ne s'attache à rien en ce monde. »

Le château de Châtillon, à part une porte ouverte au couchant, est tel qu'au temps de ses premiers possesseurs, les Castiglioni.

Ceux qui l'ont habité dans la suite, les barons de l'ancienne maison de Seyssel d'Aix (1570) et les Rambert de Chambéry, barons de Châtillon, étaient trop artistes pour transformer cette poétique résidence.

C'est dans ce château que naquit Geoffroi de Châtillon, devenu pape sous le nom de Célestin IV.

Jean, son père, seigneur de Chautagne et de Montluel, avait épousé Cassandre Cruvelli, de Milan, sœur de Hubert Cruvelli, qui fut pape lui-même, sous le nom d'Urbain III, de 1185 à 1187.

Geoffroi, éminemment doué de la nature et de la grâce, fut envoyé à Milan pour faire ses études. Son oncle maternel, alors archevêque de sa ville natale, confia son éducation au prêtre Galdin, de l'illustre maison de la Scala, très célèbre dans l'histoire d'Italie.

Sous la direction d'un tel professeur, versé dans la théologie, l'Ecriture sainte et le Droit canon, et renommé déjà par une grande innocence de mœurs et par la pratique de toutes les vertus chrétiennes, Geoffroi fit des progrès rapides dans les sciences ecclésiastiques et dans la piété. Il ne tarda pas à être pourvu d'un canonicat, et fut nommé chancelier de la Métropole.

Mais, son attrait pour la retraite et le désir d'une plus grande perfection, le portèrent à renoncer aux honneurs. Il revint en Savoie et se retira dans l'abbaye de Hautecombe, voisine de Châtillon, à laquelle son père fit des donations considérables des biens qu'il possédait en Chautagne. Là, l'édifiant *cistercien* satisfit pleinement son goût pour la solitude et la piété, sans négliger toutefois l'étude de la théologie et des sciences profanes. Ce fut pendant qu'il était religieux à Hautecombe, qu'il écrivit l'histoire d'Ecosse.

Mais la Providence l'avait choisi pour de plus hautes destinées.

Grégoire IX, habile à choisir les hommes, appela Geoffroi auprès de lui pour l'aider dans le gouvernement de l'Eglise. Il l'envoya d'abord et successivement légat en Toscane, en Lombardie et auprès de l'empereur Frédéric. Il le fit ensuite cardinal-prêtre du titre de Saint-Marc et évêque de l'église de Sainte-Sabine (1227). Il l'avait en une haute estime, et prédit qu'il serait un jour son successeur sur la chaire de saint Pierre.

En effet, après quatorze ans et cinq mois de travaux et de douleurs vaillamment supportés, Grégoire IX, ce courageux athlète de J.-C., descendit dans la tombe, le 21 août 1241. Les cardinaux se réunirent dans l'église des Sept-Trônes, au nombre de dix, pour procéder à l'élection d'un nouveau Pape. L'Evêque de Sainte-Sabine obtint cinq voix ; la Constitution apostolique exigeant au moins les deux tiers des suffrages, il renonça au bénéfice de cette élection. Il n'accepta la dignité papale que lorsque tous les suffrages se furent portés sur lui, le 22 septembre suivant. Geoffroi de Châtillon prit à son avènement le nom de Célestin IV.

Le monde chrétien eut à peine le temps de sourire aux espérances que faisait concevoir la promotion d'un Pontife si savant et si saint. Il eut, aussitôt après, à pleurer comme une calamité publique, sa mort, survenue le 17 ou 18 novembre, non sans que la rumeur publique l'attribuât au poison.

Geoffroi de Châtillon est une des gloires les plus pures de la Savoie.

Mᵐᵉ la baronne de Châtillon, qui exerçait l'hospitalité avec une rare générosité, aimait à rappeler ces faits historiques dans lesquels sa piété puisait un nouveau motif d'abnégation et de dévouement à la sainte Eglise romaine.

Elle se plaisait encore à conter un charmant épisode, qui avait amené à Châtillon un hôte né pour la gloire des lettres françaises, et qui avait enrichi sa bibliothèque d'un précieux autographe.

Un soir d'orage, Lamartine et deux de ses amis, MM. de Virieu et de Vignet, s'embarquèrent dans un petit bateau de pêcheurs sur le lac du Bourget. La tempête les chassa au hasard des vagues, à trois ou quatre lieues du port.

« Après avoir été ballottés toute la nuit, raconte en substance Lamartine dans ses *Méditations*, les flots nous jetèrent entre les rochers d'une petite île, surmontée d'un vieux château habité par M. de Châtillon (beau-père de Mme Noémi), vieux gentilhomme savoisien. Il nous offrit l'hospitalité ; nous passâmes deux ou trois jours dans son manoir, entre ses livres et ses fleurs.

« Le baron de Châtillon sentait son bonheur et il le chantait. Il était loin de se douter qu'un de ses trois hôtes était lui-même poète sous ses cheveux blonds. Il fut heureux de trouver des auditeurs et des appréciateurs de sa poésie : en trois séances, après le souper, il nous lut tout son poème intitulé : *Mon Lac et mon Château*.

« Ces vers ne manquaient ni de grâce, ni de sentiment. Ils réfléchissaient la sérénité d'une âme calmée par le soir de la vie, comme son lac réfléchissait lui-même son donjon festonné de lierres, d'espaliers et de jasmins.

« Quand notre bateau fut radoubé, nous prîmes congé du vieux gentilhomme. Nous étions déjà amis.

« Quelques jours après, je lui renvoyai, pour carte de visite, par un batelier qui allait à Seyssel et qui passait au pied de son île, ces vers :

LA RETRAITE

Aux bords de ton lac enchanté,
Loin des sots préjugés que l'erreur déifie,
Couvert du bouclier de ta philosophie,
Le temps n'emporte rien de ta félicité ;
Ton matin fut brillant, et ma jeunesse envie
L'azur calme et serein du beau soir de ta vie.

Ce qu'on appelle nos beaux jours
N'est qu'un éclair brillant dans une nuit d'orage ;
Et rien, excepté nos amours,
N'y mérite un regret du sage.
Mais que dis-je ? On aime à tout âge :
Ce feu durable et doux, dans l'âme renfermé,
Donne plus de chaleur en jetant moins de flamme ;
C'est le souffle divin dont tout homme est formé,
Il ne s'éteint qu'avec son âme.

Etendre son esprit, resserrer ses désirs,
C'est là le grand secret ignoré du vulgaire :
Tu le connais, ami ! Cet heureux coin de terre
Renferme tes amours, tes goûts et tes plaisirs.
Tes vœux ne passent point ton champêtre domaine ;
Mais ton esprit plus vaste étend son horizon,
Et, du monde embrassant la scène,
Le flambeau de l'étude éclaire ta raison.

Tu vois qu'au bord du Tibre, et du Nil et du Gange,
En tous lieux, en tous temps, sous des masques divers,
L'homme partout est l'homme, et qu'en cet univers
Dans un ordre éternel tout passe et rien ne change;
Tu vois les nations s'éclipser tour à tour,
      Comme les astres dans l'espace;
      De mains en mains le sceptre passe;
Chaque peuple a son siècle, et chaque homme a son jour.

      Sujets à cette loi suprême,
      Empire, gloire, liberté,
      Tout est par le temps emporté;
      Le temps emporta les dieux même
      De la crédule antiquité,
Et ce que les mortels, dans leur orgueil extrême,
      Osaient nommer la vérité !

      Au milieu de ce grand nuage,
      Réponds-moi, que fera le sage,
Toujours entre le doute et l'erreur combattu ?
Content du peu de jours qu'il saisit au passage,
      Il se hâte d'en faire usage
      Pour le bonheur et la vertu.

J'ai vu ce sage heureux; dans ses belles demeures
      J'ai goûté l'hospitalité:
A l'ombre du jardin que ses mains ont planté,
Aux doux sons de sa lyre il endormait les heures
      En chantant sa félicité.

Soyez touché, grand Dieu, de sa reconnaissance !
Il ne vous lasse point d'un inutile vœu ;
Gardez-lui seulement sa rustique opulence ;
Donnez tout à celui qui vous demande peu !

Des doux objets de sa tendresse
Qu'à son riant foyer toujours environné,
Sa femme et ses enfants couronnent sa vieillesse,
Comme de ses fruits mûrs un arbre est couronné ;
Que sous l'or des épis ses collines jaunissent ;
Qu'au pied de son rocher son lac soit toujours pur ;
Que de ses beaux jasmins les ombres épaississent ;
Que son soleil soit doux, que son ciel soit d'azur,
Et que pour l'étranger toujours ses vins mûrissent !

Pour moi, loin de ce port de la félicité,
Hélas ! par la jeunesse et l'espoir emporté,
Je vais tenter encore et les flots et l'orage ;
Mais, ballotté par l'onde et fatigué du vent,
Au pied de ton rocher sauvage,
Ami, je reviendrai souvent
Rattacher, vers le soir, ma barque à ton rivage.

Glorieux souvenirs assurément que ceux-là !
Mme de Châtillon, qui les citait pour intéresser
ses hôtes, ne pouvait cependant y attacher son
cœur. Elle était dominée par le besoin de se

détacher de tout ce qui passe, et de se donner à Dieu et à ses pauvres. Faite pour la vie active, le calme de Châtillon la fatiguait : « Ici, disait-elle, je suis inutile. » Aussi, n'y restait-elle que par convenance, et le temps nécessaire pour le gouvernement de ses affaires.

Et cependant, quel bien n'y faisait-elle pas par ses prières, ses exemples, sa parole et ses charités !

En récompense de sa vertu, Pie IX avait daigné lui accorder la faveur de la Sainte-Réserve, et même il avait gracieusement consenti à bénir le précieux calice qui devait servir au Saint-Sacrifice. C'est dans cet oratoire qu'elle avait décoré avec richesse, qu'elle réunissait ses serviteurs pour la prière en commun ; là qu'elle passait de longues heures en adoration devant le Dieu de l'Eucharistie, tantôt agenouillée, tantôt prosternée sur le pavé, comme pour protester de son néant devant la Majesté divine.

A peine installée, Mme de Châtillon voyait

accourir à elle les pauvres des environs, affluer les lettres de demande, les quêteurs et les quêteuses des alumnats, des asiles, ouverts à toute sorte de misères.

Souvent les Religieux de passage venaient s'abriter sous son toit hospitalier, et ils ne le quittaient point sans emporter une large aumône.

Toutefois, Mme la Baronne réservait ses libéralités à ses voisins, particulièrement aux écoles catholiques de Chindrieux, sa paroisse rurale, auxquelles M. de Châtillon avait déjà légué, par testament, 10,000 francs. Indépendamment de la part destinée aux chers Frères, elle donnait chaque année aux Sœurs 5oo francs et des dons en nature.

Sa première visite était à son Curé, qu'elle regardait, avec raison, comme le premier dignitaire de l'endroit. Le dimanche, elle acceptait souvent l'hospitalité avec d'autant plus de gratitude que l'invitation lui facilitait l'assistance aux vêpres : Châtillon est à trois quarts d'heure de l'église paroissiale. Son attelage avait été vendu alors au profit des pauvres. Ordinairement une fois la semaine, elle revenait en 3ᵉ classe à ses œuvres de Chambéry, prenait à la course une légère réfection chez l'Aumônier ; à défaut de temps, se contentait d'un petit pain et de pastilles de chocolat. Après sa visite au presbytère, ses prévenances étaient pour les Frères et les Sœurs, qui enseignent à la jeunesse la doctrine qui sauve. « Mᵐᵉ la Baronne, nous écrit la Supérieure, montrait toujours une bonté touchante aux maîtresses et aux élèves. Nous admirions sa sollicitude marquée pour les plus pauvres. Elle s'informait de leur conduite, des besoins de leurs parents. Elle ne se contentait pas de s'apitoyer sur leur sort, elle les secourait généreusement.

« Une mère, après une longue maladie, mourait en laissant cinq enfants en bas âge. Mᵐᵉ la Baronne se chargea des orphelins, qui n'avaient que l'attrait de l'innocence et de la misère. Elle fit préparer un petit trousseau et nous pria de prendre en pension les deux filles.

« Comme nous ne pouvions les loger, elle demanda à M. le Maire l'autorisation de faire, à ses frais, une chambre dans notre grenier. Pendant les vacances, elle les prenait chez elle, et se constituait leur maîtresse d'école.

« Restaient les trois garçons. Par ses soins, M. le chanoine Costa de Beauregard reçut le plus jeune dans son Orphelinat de Chambéry ; et, par sa libéralité, il fut pourvu à l'entretien des deux aînés chez leur pauvre père.

« Je pourrais citer beaucoup d'autres traits de ce genre, car sa charité était sans limites. Tous les pauvres de la paroisse étaient secourus par elle. Elle habillait les uns, nourrissait les autres, instruisait ceux-ci, encourageait ceux-là ; en un mot, elle adoucissait toutes les misères. Providence des malheureux et des affligés, elle ne s'arrêtait nulle part sans y faire du bien aux corps ou aux âmes.

« En 1885, dans le premier mois de cette année qui devait nous la ravir, Mme de Châtillon voulut assister à tous les exercices de la Mission, que prêchaient les missionnaires de Saint-François de Sales (il va sans dire qu'elle contribua largement aux frais de cette Mission). Pour les suivre régulièrement, elle nous pria de lui céder une chambre. Pendant trois semaines, nous pûmes admirer de plus près les vertus de cette belle âme.

« Son grand esprit de foi, sa tendre piété, son extrême mortification, son zèle pour la conversion des pécheurs, nous édifièrent grandement.

« Dès la première heure elle se rendait à l'église, entendait plusieurs messes, assistait à tous les exercices de la journée, et passait les temps libres dans la méditation et la prière. Elle aurait été prévenue par un ange de sa mort prochaine, qu'elle n'aurait pas apporté plus de ferveur. Elle ne voulut jamais recevoir d'autres aliments que ceux que l'on préparait pour la communauté. Le soir, elle ne prenait qu'une légère soupe. « Je serais heureuse, répétait-elle « souvent, de mourir le jour de la clôture de la « Mission. »

« J'avais l'avantage de lui faire de fréquentes visites en son château. Un jour, je la trouvais triste, abattue, contrairement à son habitude. « Oh ! s'écria-t-elle, tout devrait me sourire « ici : la vue de ce beau lac, le Saint-Sacrement « près de moi, cette vie solitaire, loin du bruit, « du monde ; mais ce qui me désole, c'est que « je perds mon temps, *je ne fais aucun bien* « *aux âmes.* »

« Je profitai de cette ouverture pour lui faire connaître la situation d'une de nos élèves, qui avait une mauvaise mère. Le visage de Madame devint rayonnant. « Une âme à sauver ! quel « bonheur ! je vais m'en occuper. »

« Quelques jours après, elle plaça cette enfant dans une maison d'éducation, moyennant une somme de 5oo francs et un trousseau.

« Sauver une âme avec 5oo francs, aimait-
« elle à dire, ce n'est pas cher ! »

« Quant à la malheureuse mère, la zélée
Baronne eut, pendant la Mission, la joie de
l'instruire et de la convertir. Ce ne fut pas
chose aisée. Il y avait tout à faire. La pauvre
femme gisait depuis longtemps dans la boue,
l'ignorance, l'oubli du salut et de toute dignité.
Il fallait un zèle d'apôtre pour entreprendre une
telle conversion.

« Mᵐᵉ la Baronne se mit à l'œuvre. Vers la
fin de la Mission, elle conduisit sa néophyte
dans la sacristie, dit au Supérieur : « Mon
Père, voici une grosse carpe, saisissez-la dans
vos filets. » Sous l'action de la grâce et des sacrements, la misérable est devenue bonne chrétienne.

« Emerveillée des fruits de la Mission et considérant ce moyen comme le plus efficace pour
régénérer une population, Mᵐᵉ de Châtillon
légua 1,2oo francs pour en faire donner une,

tous les dix ans, à sa paroisse rurale de Chindrieux.

« Tout en sachant que donner aux pauvres,
c'est prêter à Jésus-Christ, elle ne manquait pas
de contribuer de sa bourse au décor de l'autel
et à la splendeur du culte par la magnificence
des ornements. Les habitants de Chindrieux se
souviendront longtemps de leur insigne bienfaitrice, en assistant, dans leur église, aux solennités de la Religion.

« Son humilité égalait sa charité. En voici
une preuve frappante. Un jour, il y avait une
nombreuse invitation au château. Les convives
avaient beaucoup remarqué la beauté de son
portrait. Aussitôt qu'ils furent partis, l'humble
veuve appelle Félix, son domestique, lui fait
décrocher le tableau, renvoie son serviteur, jette
la peinture au feu, et va cacher le cadre dans
un recoin du galetas.

« Maintenant, que dirai-je des bontés de la
vénérée Baronne envers notre petite commu-

nauté ? Je ne trouve pas de paroles qui puissent les exprimer convenablement. Non seulement nous avions une part privilégiée à ses largesses, mais encore aux faveurs de ses entretiens tout spirituels qui nous faisaient un grand bien. En la perdant, nous avons perdu un puissant appui, un salutaire exemple. Le temps ne parviendra que difficilement à cicatriser la plaie que cette mort inopinée a faite à notre cœur. »

La vertu, reine céleste, modeste, silencieuse, vit d'immolation. Elle a beau se cacher, le parfum qu'elle exhale, trahissant sa présence, attire et captive. C'est ainsi que Mme de Châtillon, tout en s'enveloppant d'ombre, charmait, sans le savoir, ceux qui l'approchaient.

Une orpheline, entre les mille dont elle s'est montrée la seconde mère, va révéler avec simplicité les tendresses dont elle a été l'objet au château de Châtillon. Son récit montrera, sous une forme naïve, les délicatesses, les condescendances extrêmes de sa charité :

« Mme la Baronne s'intéressa aux infortunes de ma mère et de ses trois petites filles, orphelines de père. Elle se chargea du trousseau de ma sœur Jenny et la fit entrer à l'Orphelinat. Elle plaça à ses frais Claudia, à peine âgée de cinq ans, à l'Espérance. Quant à moi, je ne sais quel motif retarda mon entrée dans cette chère Maison, où je devais passer de si beaux jours. Dieu permit que je fisse mon petit tour de France avant d'y être admise. Que ne sais-je raconter toutes les bontés de cette tendre mère à notre égard ! Comme Claudia avait une santé très délicate, et moi une infirmité, oubliant son rang et ne consultant que son cœur, elle nous fit passer deux mois au château de Châtillon.

« Là, tout ce qu'elle aurait pu faire pour ses propres enfants, elle l'a fait pour nous deux. Alors, la famille de Madame se trouvait à Châtillon. De prime abord, nous fûmes bien timides, bien embarrassées au milieu de ce grand monde ; mais les prévenances, les encouragements, les instructions de Madame nous mirent bientôt à l'aise, comme avec nos parents. Tous se montrèrent si affables envers nous ! Nous passions nos récréations à nous amuser avec M. Robert, son neveu, qui était à peu près de notre âge. Il nous apprenait des jeux qui nous réjouissaient beaucoup ; il ne nous laissait pas un instant de repos.

« Pour varier les amusements, Madame nous avait assigné un jardinet à chacun, avec une pioche et un râteau appropriés à notre taille. M. Joseph, son grand neveu, nous donnait des leçons. Madame venait nous voir travailler. Elle attachait une certaine importance à cela ; car elle aimait que tout se fît bien et tenait à nous faire plaisir.

« Elle nous avait aussi procuré de petits ustensiles de ménage. Nous n'osâmes pas l'inviter à partager notre première cuisine : Madame nous en fit un doux reproche. Le lendemain, Claudia, sa Benjamine, la pria d'avoir la bonté d'assister au goûter que nous avions préparé de notre mieux : « Non, mon enfant, » répond-elle avec sa grâce ordinaire. Ce n'était pas pour nous contrister qu'elle refusait, mais pour nous apprendre à vivre. Je comprends maintenant qu'elle voulait nous inspirer un peu de cette délicatesse de cœur qu'elle possédait elle-même au suprême degré, et nous faire comprendre que les enfants doivent partager leurs joies avec leurs parents.

« Un jour qu'elle caressait ma sœur, je me suis montrée jalouse : « Marie, le plaisir qu'on « fait à sa sœur, on le fait à soi-même. »

« Madame nous menait à pied visiter les pauvres et les malades. Jamais je n'oublierai les marques de bonté et d'intérêt compatissant qu'elle témoignait aux uns et aux autres. Elle s'asseyait dans leurs maisons sur un banc ou une mauvaise chaise, s'informait de leur état, de leurs besoins, les encourageait et les secou-rait. En revenant, elle nous disait quelquefois :

« Vous avez vu, mes enfants, des pauvres plus
« à plaindre que vous. Mais parce qu'ils font
« ce qu'ils peuvent pour gagner leur vie et ne
« murmurent pas, demandant à Dieu le pain
« quotidien, sa divine Providence inspire aux
« voisins de venir à leur aide. Aux pauvres
« résignés appartient le royaume des Cieux.
« Là-haut, ils seront plus honorés que les grands
« de la terre qui ne les auront pas assistés de
« leur surabondance. Vous connaissez l'his-
« toire du mauvais riche et du pauvre Lazare !
« C'est pour faire estimer la pauvreté que notre
« Sauveur, maître du ciel et de la terre, a voulu
« naître pauvre, vivre pauvre, mourir pauvre.
« N'oubliez jamais cet exemple. »

« Madame prévoyait tout ce qui pouvait nous
faire plaisir.

« Devinant notre envie d'aller sur le lac, elle
proposa à sa famille une visite à Hautecombe,
et nous fûmes de la partie. Quelle joie ! nous
n'en dormîmes pas toute la nuit. Une fois sur

le petit bateau, la frayeur nous saisit. Pour nous rassurer, Madame s'assit entre nous deux, nous tenant par la main, nous distrayant tantôt en causant, tantôt en nous faisant chanter avec elle. Pendant la visite du Monastère, elle nous parut ne s'occuper que de nous. Elle fixa surtout notre attention sur la statue de la reine Christine donnant l'aumône à un pauvre agenouillé à ses pieds.

« Je pleure encore de bonheur au souvenir de tant d'attentions maternelles. Elle nous procurait tous les délassements, tous les agréments possibles, nous faisait conduire à la promenade, au bain, soignait notre santé comme notre âme.

« Notre journée n'était pas toute consacrée aux amusements. Il y avait le temps de la prière, de la sainte messe, le temps de l'étude.

« Madame nous donnait des leçons de lecture, d'écriture et de catéchisme, que M. l'Abbé, précepteur de son petit neveu, nous expliquait.

« Appliquez-vous, nous disait-elle, non dans

« l'espoir d'une gâterie, mais pour plaire au
« bon Dieu et à ceux qui vous aiment. »

« La sollicitude de Mme la Baronne s'étendait
à tout. Aucun de nos besoins ne lui échappait.
Pour faire disparaître une difformité que j'avais
à l'épaule droite, elle me faisait tourner, chaque
jour, la grosse roue de la pompe, puis elle
m'obligeait à marcher en tenant des deux mains
un bâton placé derrière les épaules. Le petit
Robert me faisait faire ce double exercice jusqu'à lassitude extrême.

« Quelques semaines après que nous fûmes
rentrées à la Providence, Claudia fut atteinte
d'une violente coqueluche. Madame la retira
chez elle, et la soigna pendant *deux ans*. Visites du médecin, remèdes coûteux, veilles, rien
ne fut épargné. Une princesse n'eût pas été
mieux traitée. Madame disait quelquefois dans
sa douleur : « Dieu veut me détacher de tout,
« il ne me laissera pas cette enfant, parce que
« je l'aime trop ! »

« Ah! elle aimait bien toutes les pauvres orphelines. Chacune d'elles aurait à raconter mille
dévouements héroïques à son égard, non seulement pendant qu'elle était à la Providence, mais
dans le monde, où sa vigilance la suivait partout.
Quelle est celle qui ne lui doit pas sa persévérance dans le bien, son salut dans le malheur!

« Madame était toujours prête à nous servir
et à nous faire plaisir. Elle venait ordinairement
deux fois le jour à l'établissement; elle s'informait de notre conduite, visitait nos travaux et
nous encourageait. Si elle grondait, elle le faisait avec tant de bonté, que nulle ne murmurait.
Chacune, sans exception, trouvait dans son
cœur ce qui lui était nécessaire.

« Quand vous serez dans le monde, disait-
« elle, recourez à moi en toute confiance, j'ai
« déplacé quelques-unes de vos compagnes
« jusqu'à dix et quinze fois. Maintenant, elles
« sont contentes, parce qu'elles sont devenues
« sérieuses et sages. »

« Rien n'est plus délicieux pour moi que le souvenir des joies que nous causait sa présence ! On guettait son arrivée, et nous volions toutes autour d'elle comme une couvée de poussins. Mais il y a un souvenir qui me fera toujours le plus grand bien : c'est le recueillement de Madame à la sainte messe et aux vêpres, sa ferveur visible dans la communion quotidienne, son assistance à toutes nos retraites. La regarder dans la chapelle nous excitait à la piété. Dans notre admiration, nous nous disions les unes aux autres : Mme la Baronne nous représente sainte Jeanne-Françoise de Chantal.

« Que de charmantes surprises elle se plaisait à nous faire ! C'étaient des étrennes utiles, des gâteries la veille du premier de l'an, des brioches le jour des Rois, des corbeilles de cerises dans la saison. Une fois l'an, elle distribuait des robes, des chemises, des tabliers, des mouchoirs, des souliers, à chacune, selon ses besoins et sa conduite.

« Notre bonne mère ne reculait devant aucun sacrifice, aucune fatigue, aucun embarras pour nous réjouir, si bien qu'elle voulut nous donner une grande fête au château de Châtillon, à toutes nos maîtresses et à toutes les élèves.

« Au nombre de plus de cent trente, nous montons en wagon, la plupart pour la première fois, heureuses comme nous ne serons jamais ! Le ciel était riant comme nos cœurs. Voir des pays nouveaux, traverser des tunnels, baigner ses pieds dans le lac, passer une journée au château de Châtillon, c'était une jouissance qui dépassait les désirs de notre âge et de notre condition. Madame était montée sur la tour pour nous voir descendre du train et courir à elle. Décrire l'explosion de joie qui éclata à notre arrivée sur la terrasse, est impossible : « Vous « êtes bien contentes, mes enfants, et moi je « suis très heureuse de vous procurer un ins- « tant de bonheur. »

« Elle nous servit elle-même, aidée de ses do-

tiques, à déjeuner, à dîner, à goûter sous
charmilles de la terrasse. Après avoir visité
château, parcouru le parc, nous allâmes, en
chantant des cantiques, à l'église de Chindrieux,
trois quarts d'heure de Châtillon, prier Notre-
Seigneur de bénir et de nous conserver une si
bonne mère. En entendant nos cantiques, les
habitants cessaient leurs travaux et semblaient
partager notre fête. Pour mettre le comble à nos
plaisirs, nous courûmes sur les bords du grand
lac, monter tour à tour sur les barques attachées
au rivage, plonger dans l'eau nos pieds et nos
mains. Pour prolonger cette journée, nous au-
rions voulu retarder le départ du train ; mais si
elle s'est enfuie trop rapide, elle restera à jamais
dans nos cœurs, comme le doux mémorial des
bontés de notre mère. »

CHAPITRE XIX

Le conscrit de Chindrieux.

*Modèle de la jeunesse. — Amour filial. — Conscrip-
tion. — Déception amère. — Désolations maternelles. — Vertu récompensée. — Le rouleau d'or.
Nouvelles épreuves. — Départ de Laurent. — Sa
sainte mort.*

LE jeune Laurent, de Chindrieux, était bien
doué de la grâce et de la nature. Il grandit dans la piété, l'obéissance et l'humble
travail des champs. On le proposait comme
modèle à tous ses compagnons, tant à la
maison qu'à l'école et à l'église.

A partir de quinze ans, robuste, actif, courageux, ce jeune homme travaillait avec tant

d'ardeur, que les champs de son père étaient toujours, dans le pays, les premiers cultivés. Sa famille eût vécu dans une modeste aisance et dans la plus grande paix, si le père n'y avait porté le trouble et amené la gêne en dissipant dans les cabarets le fruit des sueurs de tous.

Quand ce malheureux rentrait ivre, Laurent protégeait sa mère. Sa présence seule arrêtait, adoucissait le père emporté. Lorsque les effets du vin étaient passés, il lui faisait doucement de respectueuses observations, mais les désordres recommençaient à la première occasion : « Si tu deviens soldat, mon garçon, lui disait souvent sa mère, que deviendrai-je ?

« — Pourquoi tant vous tourmenter d'avance? faisait observer Laurent ; Dieu n'abandonne pas ceux qui se confient en lui. A chaque jour suffit sa peine. Nous avons bien vécu jusqu'à présent : prions, travaillons, patientons. » A mesure cependant que l'époque de la conscription approchait, Laurent redoublait d'attentions, de dévouement pour sa mère dont le cœur s'abîmait dans la tristesse.

Elle ne pouvait songer au remplacement de son fils. Son mari ne consentirait jamais à emprunter, moins encore à vendre un pouce de terre. D'ailleurs, la somme nécessaire était trop forte pour leurs petits avoirs. Impossible à la pauvre femme d'écarter de ses yeux la cruelle perspective. Le chagrin la suivait comme son ombre. En perdant son Laurent, elle perdait tout.

L'un et l'autre adressèrent de longues et ferventes prières à la céleste Avocate des causes désespérées, la Très Sainte Vierge; ils firent dire une messe en son honneur le matin du tirage au sort, et s'approchèrent tous les deux de la table des anges.

Plein de confiance, Laurent met la main dans l'urne et tire, ô stupéfaction ! le numéro *un !* Déception terrible ! Mais sa mère !... Quel désespoir allait étreindre son cœur !... Lui annoncer lui-même la triste nouvelle, il n'en sent pas le courage...; par un autre? mais il ne serait pas auprès d'elle pour la soutenir défaillante, mourante peut-être. Pour la première fois, il sent le glaive de la douleur le transpercer de part en part. Que faire? L'amour filial l'emporte sur le cri de la nature. Il va et aborde sa mère d'un air serein et résolu. Avant qu'il ait prononcé un mot, la pauvre femme devinant son malheur, éclate en sanglots. Et, Laurent tâchait de la calmer : « Je ne pars pas encore...; lui disait-il avec affection; d'ici là, le bon Dieu arrangera les choses... Courage, bonne mère, la divine Providence ne nous trahira pas. »

On le voit, Laurent avait une grande élévation de pensées et de sentiments. Son instruction était pourtant bien élémentaire : lire, écrire et compter, étaient tout son savoir.

Le pieux conscrit serait resté aux côtés de sa mère, si ses camarades n'étaient venus l'en arracher pour passer la journée avec eux. Faisant bon cœur contre mauvaise fortune, il embrasse sa mère et les suit. Les conscrits, chapeaux enrubannés, arrivent en chantant dans l'auberge du lieu. C'était jour d'abstinence, ils commandent un dîner gras. Laurent proteste, et seul il a le courage de se faire préparer un dîner maigre.

Aucun n'osa lui adresser un mot de plaisanterie, même un sourire, tant était grande l'estime et la sympathie qu'il avait gagnées.

Ce devoir d'amitié accompli, Laurent rentra tranquillement à la maison et reprit sa vie ordinaire. Malgré leurs plus pressantes sollicitations, il resta étranger aux réunions hebdomadaires de ses compagnons.

Les bénédictions promises à l'observation du quatrième commandement ne tardèrent pas à se répandre abondantes sur lui.

Le vénérable curé de la paroisse, M. l'abbé Francoz, chanoine honoraire de Chambéry, qui partageait la douleur de cette famille, était venu à Chambéry. En passant devant l'hôtel qu'occupait alors Mme de Châtillon, il tire sa montre, et comme il restait encore une demi-heure avant son départ, il monte chez sa noble paroissienne, qu'il trouve plongée dans sa tristesse accoutumée. Parmi les consolations qu'il lui donne, il lui raconte les misères de quelques-unes de ses familles, entre autres, les chagrins de la mère de Laurent.

— Ici, dit-elle, il y a un remède.

— Lequel, Madame ?

— Faire un remplaçant.

— Ces gens vivent de leur travail. Il est de toute impossibilité qu'ils puissent réaliser pareille somme.

— Combien faut-il donc ?

— Deux mille trois cents francs.

Mme la Baronne ouvre son bureau, jette sur la table un sac d'or et dit : « Monsieur le Curé, prenez la somme nécessaire, c'est M. de Châtillon qui vous la donne du haut du Ciel. »

M. le Curé, confondu d'admiration, compte
l'or, remercie et s'en retourne heureux de la
joie sans égale qu'il va porter à la mère et à
son cher jeune homme.

En descendant du train, il court à la maison,
exhorte de nouveau à la résignation, à la confiance en la divine Providence, qui vient toujours au secours des chrétiens affligés.

— Ah ! Monsieur le Curé, cela est bon à dire,
mais quand on est dans le malheur, on y reste.
La confiance n'empêchera pas mon Laurent de
partir, et moi de mourir de chagrin.

— Le Prophète enseigne que le Seigneur déli-
vrera les justes de nombreuses tribulations. Il
n'attend peut-être qu'un acte de foi vive, pour
vous conserver votre Laurent et le préserver des
périls de la caserne.

Interdite, la pauvre femme devient muette
dans sa douleur.

Alors M. le Curé sort de sa poche le rouleau
d'or : « Voilà le prix du remplaçant que fait

Mme de Châtillon, pour récompenser votre fils de sa piété filiale et de sa conduite édifiante. »

La mère n'en croit pas ses yeux. Des larmes de joie trahissent la vivacité de son émotion.

Que le lecteur devine ici ce qui se passa alors dans le cœur de la mère et du fils, la plume ne peut l'écrire ! La veuve de Naïm n'était pas plus heureuse à la résurrection de son fils unique.

La mère conservait son Laurent qu'elle croyait perdu !

Mais ce ne devait pas être pour longtemps. Le maître des destinées l'appelait à une vie plus parfaite, et il voulait faire comprendre à la mère qu'elle n'avait pas le domaine absolu de son fils.

Laurent avait entendu la voix de Dieu, il y sera docile, coûte que coûte, à l'heure voulue. Il attendra, gardant un silence profond sur sa vocation, que sa mère soit pleinement rassurée et qu'elle puisse, sans lui, vivre relativement tranquille. Pour la préparer à son départ, il s'efforce de lui faire comprendre peu à peu qu'il lui sera plus utile de loin que de près, en lui venant en aide avec l'argent qu'il gagnera ; et, un matin, sans rien dire à personne, il prend la route de Genève, conduit par la Providence. Deux jours après, il écrit à sa mère : « Je suis dans une bonne place, chez d'excellents maîtres ; ne vous tourmentez point ; dans peu vous en serez satisfaite vous-même. Nous avons tout à gagner à nous soumettre à la volonté divine, qui dispose chaque chose pour notre profit. La distance n'empêche pas notre union au sein de Dieu dans la pensée, l'affection et la prière. »

Toutefois, ce n'était pas là que Dieu le voulait. Dominé par l'idée de sa vocation, Laurent descend le long du Rhône, sans savoir où il s'arrêtera. Non moins favorisé que Tobie, son ange le dirige invisiblement à travers la France par des voies inconnues, mais aboutissant à un port assuré. Après avoir essuyé bien des incertitudes, des privations et des fatigues, Laurent arrive, un beau jour, au couvent de Saint-Edme, à Pontigny, dans le département de l'Yonne. Il demande la faveur d'y être reçu en qualité de frère ou de domestique. A son air intelligent et candide, le Père Supérieur pressent une vocation et fait bon accueil à sa prière. Laurent subit l'épreuve du noviciat en dépassant les espérances qu'on avait conçues de lui, édifiant ses frères par sa ferveur et sa régularité.

Devenu religieux profès, il accomplit tout ce qu'il y a de pénible dans la règle : silence, recueillement, humilité, obéissance, abnégation, mortification. Chargé de l'emploi de jardinier, le frère Laurent s'en acquitte avec esprit de foi, intelligence et dévouement. Hors de l'oraison réglementaire, il s'élevait à Dieu par tout ce qui frappait ses regards, par le spectacle du ciel et l'aspect de son jardin. Les légumes, les fleurs, les fruits lui parlaient sans cesse de la puissance, de la bonté, de la grandeur de la divine Providence. Faisant toutes choses en vue de plaire à Dieu, en peu de temps il remplit une longue carrière, riche de mérite.

Il mourut après cinq ans de vie religieuse, laissant une réputation méritée de sainteté.

Voilà, certes, une conquête qui dut consoler la charité de Mᵐᵉ de Châtillon, autant qu'elle fait ressortir combien Dieu se plaisait à bénir ses sacrifices.

CHAPITRE XX

La vraie vertu.

*Immolation de l'égoïsme, des soucis du siècle, de la
volonté propre et des répugnances de la nature.
Traits admirables.*

Madame de Châtillon a voulu gravir les
sommets arides de la vie d'abnégation.
Elle comprit que la vie chrétienne ne peut s'établir solidement que sur les ruines de l'égoïsme,
par l'immolation de l'esprit, du cœur, de la
volonté et des sens, et que Dieu n'occupe en
notre âme que la place laissée vide par l'exclusion progressive du *moi*.

Les mondains, dont la mollesse étouffe les

germes de foi, d'espérance et de charité que le baptême a semés dans leur cœur, prétendent que ces immolations ne sont que des rêves de femme. Nous les invitons à méditer l'abnégation réelle de notre héroïne, en commençant par la pauvreté volontaire, et ils se convaincront que la vraie folie c'est l'inanité de leurs pensées, c'est la religiosité stérile et coupable de leur vie.

Elle pratiqua cette vertu jusqu'à l'héroïsme, durant quarante-cinq ans. On a pu s'édifier, à cet égard, par les aumônes, fruits de ses privations, que nous avons déjà mentionnées. Parlons un peu des autres vertus.

Mme de Châtillon immole sur l'autel de la foi l'orgueil de son esprit ; elle sacrifie à l'Evangile, les maximes, les usages du siècle, les revendications de la nature. Par ces renoncements répétés, elle conquiert cette foi virile qui foule aux pieds les grandeurs du monde ; elle y puise de jour en jour des convictions plus claires et plus profondes ; et le voile qui nous dérobe la pleine vision de Dieu, se fait de jour en jour plus diaphane pour les yeux de son âme.

« Il est des choses, écrivait Louis Veuillot, qu'on ne voit, comme il faut, qu'avec des yeux qui ont pleuré. »

On peut dire aussi que des vérités demeurent inintelligibles à l'esprit d'orgueil, tant que la superbe de la vie n'a pas passé par le feu des humiliations.

Grâce à la vertu de foi, Mme de Châtillon n'a point « couru après l'or, ni placé son espérance dans les trésors et dans la gloire. » Elle n'a point appliqué son cœur et ses forces à ce que l'Évangile nomme « les soucis du siècle ». Bien loin de se laisser posséder par les richesses, c'est elle qui les a possédées pour soulager ses frères.

Volontairement pauvre, elle a usé de ses biens comme n'en usant pas.

Quant à sa liberté, elle l'enchaîna à la règle du devoir. Pour vaincre les rébellions de la

nature et assujettir ses caprices, elle se lia par
le vœu d'obéissance, et fixa par un règlement
les devoirs multiples de chaque jour. Ce fut sur
le champ de bataille de ces luttes obscures,
mais héroïques, qu'elle accomplit cette parole
de l'apôtre : « Je meurs chaque jour. »

Mais cette mort quotidienne qui recèle la vie,
multiplia les forces de son âme et lui assura les
triomphes prédits par le Prophète : « L'homme
obéissant racontera des victoires. »

Les riens, les futilités n'encombrant plus son
cœur, elle poursuivit sa course vers le ciel et fit
monnaie de tout pour l'éternité. Cette course
étant une ascension, il va sans dire qu'elle dut
se faire grande violence pour atteindre le sommet. Nulle vertu n'entre plus avant dans le vif
de notre existence que l'abnégation de la volonté propre.

Elle eut donc beaucoup de luttes à soutenir,
pour que ses actes traduisissent en tout la volonté souveraine de Dieu. Elle ne remporta

cette victoire des victoires que patiemment, par efforts répétés, avec l'aide de la grâce, qui seule peut donner la courage surhumain de la vertu.

Aussi bien, pour se rendre maîtresse d'elle-même et réprimer sans trève les écarts de la volonté, Mme de Châtillon allait puiser tous les matins, aux sources vives de l'Eucharistie, la force de surmonter les difficultés de chaque jour.

La Baronne s'étudiait aussi à faire de son corps « une hostie vivante, sainte, agréable à Dieu. » Elle mortifiait ses sens par la lutte contre les envahissements de la vie matérielle : frugalité extrême, observance rigoureuse de la loi du jeûne et de la pénitence, coucher sur la dure, cilice, privations de toutes sortes, mais dont nul ne s'apercevait, sauf le Dieu vivant *qui voit dans le secret.*

C'est ainsi qu'elle se revêtait de Notre-Seigneur Jésus-Christ pour le reproduire dans toute sa personne.

Aux sacrifices de l'esprit, du cœur et de la volonté, Mme de Châtillon a voulu ajouter l'immolation du repos, de ses dégoûts et de ses répugnances.

Elle interrompait son sommeil au milieu de la nuit pour vaquer à la prière, et se levait à une heure matinale en toute saison. Un trait entre mille.

Au cœur d'un hiver rigoureux, elle sortait silencieusement à cinq heures du matin, une lanterne sourde à la main. Où allait-elle? L'indiscrétion d'une voisine nous l'a révélé. Elle allait à travers l'obscurité, les brouillards, la pluie ou la neige, souvent non encore foulée, dans une mansarde de la place Saint-Léger, où gisait un vieil infirme.

Elle soignait les plaies du vieillard, arrangeait son lit, nettoyait son pauvre réduit, s'informait de ses nouveaux besoins, et lui faisait apporter le nécessaire de la journée par un restaurateur du voisinage.

Combien de temps servit-elle ce membre souffrant de Jésus-Christ? Ce que l'on sait, c'est que l'héroïque dame de charité voulut recevoir son dernier soupir; on l'a même surprise habillant le cadavre de ce malheureux.

Ce n'est pas la seule fois qu'elle ensevelit les morts.

Joseph Carraz venait de mourir, au faubourg Montmélian, des suites d'une longue et douloureuse maladie. Les deux membres d'une Société de secours mutuels, qui l'avaient veillé la nuit de sa mort, n'eurent pas la pensée ou le courage de lui rendre les derniers devoirs. Mme de Châtillon, qui l'avait visité cent fois pendant sa maladie, se trouvait là; elle laisse partir les pusillanimes veilleurs, surmonte ses bien naturelles répulsions, et se met à remplir cet office de haute charité, qui consiste à ensevelir pieusement les morts.

Elle continue d'assister la famille de l'ouvrier défunt, se charge de l'éducation de ses deux

filles, commence son œuvre de l'*Espérance*
par la cadette, qui se fit plus tard religieuse,
et envoie Joseph au séminaire de Saint-Pierre
d'Albigny.

Après y être resté quelque temps, Joseph
essaya d'un métier, puis il entra comme frère
dans une congrégation religieuse.

Nous ne composons point une figure idéale,
nous racontons véridiquement ce que nous
avons vu et entendu. Combien d'œuvres de
miséricorde ont été dérobées à notre connaissance par l'humilité de cette grande chrétienne !

F. G..., mère de famille, avait connu des
jours heureux. Le malheur tombe sur son commerce, c'est l'effondrement, la misère. Le mari
va se placer comme garçon de café à Grenoble, et sa femme reste à Chambéry avec
plusieurs enfants en bas âge. Tant que l'infortunée mère peut travailler, elle suffit à gagner
son pain quotidien. Mais les afflictions s'enchaî-
nent. Elle est frappée par une infirmité redou-

table, une espèce de lèpre qui détachait ses chairs et les faisait tomber en pourriture.

Mme de Châtillon fait élever les deux filles de cette mère infortunée, qui étaient trop jeunes encore pour la soulager.

Mais l'intéressante malade, confiée à la garde de voisines pauvres elles-mêmes et occupées, n'en recevait des soins qu'à temps perdu. Son grabat ne fut bientôt plus qu'un amas de corruption.

Que fait notre Baronne ? Elle garnit de son propre matelas et de draps qu'elle renouvellera, la couche de la pauvre lépreuse. Elle la visite chaque jour, pourvoit à tous ses besoins; elle va jusqu'à laver ses plaies, passant des heures au sein de cette atmosphère nauséabonde... où il nous paraissait impossible à nous, prêtre, de rester plus de cinq minutes. Hélas! nous étions faible, comme les soldats de saint Louis, qui, suffoqués par la puanteur des cadavres qu'ils portaient au lieu de la sépulture, tenaient des mouchoirs tamponnés sur leur visage ; tandis que Mme de Châtillon faisait comme le saint Roi : « Onques ne fut vu le bon Roi estouper son nez, tant le faisait fermement et dévotement. »

CHAPITRE XXI

Les paillettes.

Sentimentalisme. — Dévotion. — Moyens
de la pratiquer.

Es pensées inspirées par la foi cachent, sous
l'écorce de la lettre, une manne vivifiante.
Il nous a paru utile de présenter au pieux lecteur un choix de ces pensées recueillies par
Mme de Châtillon.

« Le peintre Urétius, dit saint François de
Sales, donnait à tous ses personnages la figure
des personnes qu'il aimait ; et chacun peint la
dévotion selon son humeur et ses passions. »

A la dévotion pour vivre, avons-nous lu
quelque part, il faut des nerfs et des sensations ;

toujours quelque chose de sensible pour qu'elle puisse s'élever vers Dieu. Elle est sensuelle dans ses enthousiasmes, comme dans ses repentirs. La fumée de l'encens la volatilise, une belle parole l'électrise, l'orgue la transporte dans les régions de l'infini; à la peinture du Ciel, elle s'allanguit d'amour. Poétique description du sentimentalisme !

Sans doute, le spectacle de la nature, les pompes du culte catholique remuent l'âme, excitent les *sursum corda* :

> Objets inanimés, avez-vous donc une âme
> Qui s'attache à notre âme et la forcent d'aimer ?

Mais la dévotion n'est pas un amour d'émotions et de sentiment éphémères, c'est un amour de *volonté* : « Celui qui garde mes commandements, celui-là m'aime, a dit le Seigneur, mais non celui qui se contente de crier : Mon Dieu, mon Dieu ! oh ! qu'il fait bon ici. »

La dévotion consiste dans l'immolation, sans cesse renouvelée, des sens à l'esprit, de la raison

à la foi, de la volonté à l'obéissance à Dieu.
Les paroles suivantes, écrites de sa main, mon-
trent que Mme de Châtillon le comprenait ainsi :
« La dévotion, c'est l'entier renoncement à
soi-même, et l'absolu abandon entre les mains
de Dieu ; c'est l'union indissoluble à son pur
amour, et la conformité confiante à son bon
plaisir. Mon bien-aimé est tout à moi, et moi
tout à lui ! »

Aussi bien, pour se vouer à Jésus-Christ sans
réserve, la pieuse Baronne se tenait constam-
ment en garde contre les entraînements de la
nature et les surprises du cœur. Puis, elle s'appliquait à sanctifier ses actions et les épreuves
de chaque jour, sans se préoccuper du lendemain, et se faisait violence pour rattacher une
œuvre méritoire à une autre, comme les an-
neaux d'une chaîne dont chacun se relie à celui
qui précède et soutient celui qui suit. Fidèle
aux saintes inspirations, elle ne négligeait aucun
moyen, et ne reculait devant aucune peine,

aucune répugnance, pour être toute à Dieu et au prochain. Le matin, elle demandait la grâce de passer la journée présente comme la dernière de sa vie. Le soir, elle examinait ce qu'elle avait dit, fait, omis et souffert, ainsi que les motifs et les intentions qui l'avaient guidée. Elle terminait par une amende honorable à la Souveraine Majesté, et par l'offrande de toutes les bonnes œuvres opérées dans le monde en ce même jour, avec tous les mérites du Sauveur, de la Sainte Vierge et des Saints, comme l'atteste la méthode d'examen qu'elle nous a laissée.

La dévotion, vertu praticable, à degrés divers, dans toutes les conditions sociales, est à la fois l'œuvre de Dieu et l'œuvre de l'homme. Elle exige simultanément le secours divin et la coopération humaine. Sans l'aide de la grâce, il n'y a pas de vertu. Mais Dieu, qui commande la vertu, donne toujours la grâce à qui la lui demande, plus ou moins abondante à chacun, selon la ferveur de son cœur. Aussi, la Baronne de Châtillon se disposait-elle de son mieux à la puiser dans les fontaines du Sauveur : l'esprit de foi, l'oraison, le saint sacrifice et les sacrements.

Au souvenir de cette recommandation de l'apôtre à son disciple Timothée : « Avant la prière, prépare ton âme ; ne sois pas comme un homme qui tente Dieu, » elle se recueillait sous le regard divin, et, reconnaissant son indigence spirituelle, elle disait en substance avec la Chananéenne : « Seigneur, ayez pitié de moi ; Seigneur, secourez-moi. »

La source principale des eaux qui rejaillissent jusqu'à la vie éternelle, c'est la messe et la communion, par laquelle le communiant possède, réellement, substantiellement l'Auteur de toute grâce.

Sur la croix, Jésus s'immolait pour le rachat de tous les hommes en général ; à l'autel, Jésus offre à chacun de nous de s'approprier les mérites de son sacrifice. L'appropriation des trésors célestes est proportionnelle aux dispositions intérieures : car plus l'âme est dégagée du péché et des soucis du siècle, plus elle est ennoblie par le dévouement, plus elle est dilatée par l'amour, plus elle est unie à l'Auguste sacrificateur ; plus abondantes aussi sont les faveurs qu'elle obtient de celui qui s'immole tous les jours pour elle.

Désireuse de participer aux mérites de la divine *oblation*, Mme de Châtillon faisait en sorte d'y assister chaque matin et de communier. Les lignes suivantes, trouvées dans un de ses livres de piété, témoignent de sa préparation : « Pendant que le prêtre se disposait à célébrer les Augustes mystères, je demandais au bon Dieu de m'inspirer les sentiments qui valurent une parfaite purification au prophète Isaïe, lorsque, ravi en extase dans le temple, il vit de ses yeux la Majesté de Dieu assis sur un trône élevé, et des séraphins, la face voilée de

leurs ailes, se disant l'un à l'autre : « Saint,
« saint, saint est le Seigneur, le Dieu des ar-
« mées ; toute la terre est pleine de sa gloire. »
A leur voix, les portes du temple s'ébranlent,
et le Prophète découvrant, à l'éclat de la lumière
divine, les souillures de son âme jusqu'alors
cachées à ses yeux, s'écrie : « Malheur à moi,
« à cause de mon silence ; mes lèvres sont im-
« pures ; j'habite au milieu d'un peuple souillé.
« A mon cri d'effroi, l'un des séraphins vole
« vers moi, portant dans sa main un charbon
« embrasé pris sur l'autel, le pose sur mes
« lèvres et dit : « Ce charbon a purifié ta bou-
« che, ton iniquité est effacée. »

A l'esprit de prière, au souvenir habituel de
la présence de Dieu (nous lui disions un jour :
le moyen le plus sûr d'être parfaite, c'est de
marcher devant la face du Seigneur : « j'y marche toujours, » répondit-elle humblement), et
aux retours fréquents en elle-même, à l'assistance quotidienne à la messe, à la réception de

l'Eucharistie, Mme de Châtillon joignait la confession hebdomadaire.

Comme la bonté des pratiques de la piété ne provient pas de la multiplicité, mais de l'esprit de foi et de la pureté d'intention, la Baronne, dans le désir de recevoir abondantes et la grâce sanctifiante et la grâce sacramentelle, ne voyait dans le confesseur que Dieu seul. Elle lui dévoilait sans réticence, ni diplomatie, ni déguisement, tous les replis de son âme, ses tendances, ses faiblesses et ses besoins. Elle lui révélait brièvement, avec simplicité, la cause, le motif, l'occasion et la durée même des principales fautes ; c'est-à-dire, si elle les avait commises par un mouvement d'orgueil, d'amour-propre, de vaine gloire, de vivacité, d'impatience, d'avarice, de dureté, d'antipathie, de jalousie, de sympathie, d'indulgence humaine, d'immortification, de tiédeur, d'indolence ou de paresse.

Toutefois, les effets du sacrement des miséricordes infinies, par suite les progrès dans la dévotion, dépendant surtout du degré de contrition, la Baronne invoquait avec ferveur l'Esprit-Saint, à qui il appartient d'embraser le cœur de l'amour pénitent et douloureux. Comme nul moment n'est plus favorable que la messe pour obtenir le don surnaturel du repentir, avant de se confesser, elle assistait à ce mémorial vivant et touchant de la bienheureuse Passion.

Les âmes qui veulent sérieusement arriver à la perfection de la vie, doivent regarder Jésus-Christ seul dans le confesseur, lui dévoiler leur conscience sans détours, et s'occuper principalement à demander la contrition et à s'y exciter.

La lumière des bonnes œuvres éclaire tout le monde et ne froisse personne. Elle montre la voie qui monte de l'exil à la patrie, inspire des élans généreux et pousse puissamment à l'imitation.

Les exemples sont d'autant plus efficaces, qu'ils pénètrent plus profondément dans les

cœurs, et s'y fixent de telle façon qu'ils sont
capables de faire revivre le sentiment du bien
et de la piété chrétienne, s'il est éteint ; de le
raffermir, s'il est languissant ; et, s'il est vigoureux, de le rendre plus fécond en fruits de
salut (1).

------

(1) Bref de Sa Sainteté Léon XIII, à l'Auteur.

CHAPITRE XXII

La « Providence » de Chambéry.

*Origines. — Mère Thérèse. — Mme Rey. — Mme de
Châtillon fonde l'Œuvre et fait approuver le Règlement. — Elle est reconnue fondatrice et directrice
à vie, avec le droit de nommer sa survivante.*

LA charité individuelle, sous toutes ses formes, ne suffisait pas à la soif du bien qui
tourmentait Mme de Châtillon. En visitant les
foyers glacés, les tables sans pain, les lits sans
couverture, elle avait trouvé des enfants man-
quant de tous soins et de toute surveillance, le
plus jeune laissé à la garde de son aîné par la
mère obligée d'aller faire des ménages. Cette
vue lui montrait la nécessité de donner de la
consistance à une œuvre commencée, nous voulons dire la *Providence*.

Il y avait déjà à Chambéry, pour les jeunes filles, un Orphelinat ; mais, Mme de Châtillon, qui faisait partie du conseil d'administration de cette œuvre, savait pertinemment qu'elle ne pouvait recevoir qu'un nombre très restreint d'orphelines de père ou de mère.

Il y avait aussi la Salle d'Asile, dont elle était une vraie zélatrice ; mais cette institution, réservée aux petits enfants des deux sexes de moins de sept ans, ne les soignait que pendant la journée, les rendant, le soir, à leurs parents.

Cela ne suffisait donc point. Les jeunes filles appartenant à des mères incapables de les élever, étaient à peu près abandonnées. La baronne de Châtillon résolut de les recueillir. C'était l'esprit de l'Evangile qui l'éclairait. N'est-ce pas, en effet, la parole du Sauveur : « J'étais sans abri, vous m'avez donné l'hospitalité, » qui inspira la création du *Xenodochium*, premier hospice chrétien, et de tous les asiles ouverts

pour le soulagement de l'humanité souffrante?
Au frontispice de chacun, on devrait écrire en
lettres d'or son vrai nom : Hôtel-Dieu.

Chose digne d'attention ! Pour les œuvres
qui demandent les délicatesses infinies, le dévouement inépuisable de la maternité, Dieu
s'adresse de préférence au cœur de la femme.
« Il semble, écrivait Mgr Gerbet quelque part,
que son cœur a recueilli une plus grande abondance de compassion avec les larmes des saintes
femmes du Calvaire, tandis que les hommes
n'auraient hérité que des larmes de saint
Jean. »

« Les femmes seules, dit à son tour Maxime
Du Camp, sont capables de ces dévouements
prolongés, qui ne reculent ni devant la fatigue,
ni devant le dégoût, ni devant l'ingratitude ; et
parmi les femmes, celles qui gardent au cœur
le deuil permanent du veuvage, qui se sont
données à Dieu pour être, non pas consolées,
mais rassérénées, qui ont demandé à l'amour

divin de calmer la douleur de l'amour terrestre ; les veuves, en un mot, convaincues des vérités supérieures et chauffées par la foi, sont plus, que toutes autres, aptes au labeur de la charité. »

Mme de Châtillon est une de ces *vraies* veuves. A travers le crêpe de son deuil, elle ne voyait que les misères à soulager.

L'origine de la PROVIDENCE, comme celles des œuvres voulues de Dieu, vient d'une inspiration céleste que fait naître parfois une cause fortuite.

Il en fut ainsi de l'Œuvre Salésienne de Turin et des autres.

Au mois de décembre 1841, dom Bosco, de pieuse et glorieuse mémoire, allait célébrer la sainte Messe, et le sacristain cherchait un enfant qui pût la servir. Un vagabond de seize ans, nommé Barthélemy Garelli, se promenait dans l'église, regardant les tableaux. Le sacristain le requit. Le jeune homme refusant, on en vint aux gros mots.

Dom Bosco intervint, calma le vagabond, l'interrogea, et constata qu'il ne savait pas même faire le signe de la croix.

Dès cette minute, il se promet de se vouer à la jeunesse abandonnée. Il a bien tenu sa parole. Plus de quatre-vingt mille enfants lui doivent aujourd'hui d'être des hommes probes, travailleurs et bons chrétiens.

Un soir, à la fin de l'hiver 1865, l'abbé Roussel aperçut un enfant qui fouillait dans un tas d'ordures : « Qu'est-ce que tu fais là ? — Je cherche de quoi manger. » L'abbé prit l'enfant, l'emmena, le fit dîner et le coucha. L'Orphelinat d'Auteuil venait de naître.

Le lendemain, il se mit en quête et rentra avec un autre vagabond. Huit jours après, il hébergeait six enfants qui encombraient sa maison.

La Providence de Chambéry a une origine pareille.

Les Orphelines étaient à la promenade du

jeudi sur la route de Montagnole (1). Une petite fille, à l'air malheureux, descendait : « Où vas-tu, petite, demanda la directrice de la promenade ? — Je ne sais pas. — Où demeurent ton père et ta mère ? — Je ne les connais pas. — Et ta nourrice ne prend-elle pas soin de toi ? — Elle est morte. Et la pauvrette pleurait, se

(1) Le premier Orphelinat de Chambéry, à l'ombre duquel est née la Providence, doit sa fondation (1724) à noble Françoise Bally, marquise de Faverges. L'histoire fait le plus grand éloge de la maison Millet de Faverges, originaire de Genève, transplantée en Savoie (1535).

Etienne était gouverneur du château de Martigny pour Pierre, comte de Savoie (1260). — Antoine fut évêque de Genève. — Claude, recteur de l'Université de Turin (1515). — Louis, né à Chambéry le 26 juin 1527, grand-chancelier de Savoie, souche des maisons de Faverges, de Challes et d'Arvillard. — Philibert de Faverges, évêque de Maurienne (1591), archevêque de Turin (1618). — Paul de Faverges, évêque de Maurienne (1639), mort en odeur de sainteté le 31 octobre 1656. — François de Challes, archevêque de Tarentaise, regardé pour l'un des plus grands évêques de son siècle, décédé le 25 mai 1703. — François-Amédée, évêque d'Aoste (1699), mourut archevêque de Tarentaise (1744), laissant ses biens aux pauvres. — Claude-François de Challes, jésuite, au-

cachant le visage de ses deux mains. — Veux-tu
venir avec nous? — Oui. »

C'était en 1846. La Sœur, émue, conduisit
la petite abandonnée à Mère Thérèse, supérieure de l'Orphelinat (1). Mère Thérèse l'accueillit avec foi et tendresse. « Nous la nour-
rirons, dit-elle, avec la part du bon Dieu. »

-----

teur d'un cours de mathématiques, en 3 volumes in-folio
(1621-1678). — Hector de Challes d'Arvillard, président
du Sénat de Savoie, commandant général du Duché, le
27 novembre 1624, décédé le 27 septembre 1642. —
Cette famille donna à l'armée, entre autres, six officiers
supérieurs de grand mérite. — Edouard, marquis de
Faverges, né en 1812, mourut le 14 janvier 1891, noble de cœur autant que de race, en laissant à son fils
Amédée, dans l'éclat de leur pureté, les glorieuses et
chrétiennes traditions de ses ancêtres.

(1) Mère Thérèse, née Octavie Quoirat, à Albertville,
en 1808, fit profession religieuse chez les Sœurs de
Saint-Joseph de Chambéry en 1830. Tour à tour Supérieure à Rumilly, à l'Orphelinat de Chambéry et à celui
de Gannat (Allier), elle s'est fait remarquer partout par
sa grande bonté. A Chambéry, son souvenir est encore
vivant. La baronne de Châtillon, qui la connaissait
mieux que personne, ne tarissait pas d'éloges à son
endroit.

Le difficile, c'était de la loger. Elle ne se trouvait pas dans les conditions d'être admise dans l'Orphelinat. Mère Thérèse pensa : avec une poignée de paille sur la soupente de la *farinière*, elle sera comme le divin Enfant dans la crèche, et son ange la gardera. La *farinière* était un réduit taillé dans le roc de Lémenc, éclairé par deux lucarnes, qui servait à entreposer la farine de la maison. Tel fut le premier berceau de la Providence.

Mme Rey, née Gariod, à la flamme de son ardente charité, entrevit là une œuvre de la plus haute utilité ; elle s'y précipita tête baissée. Un mois n'était pas écoulé, que l'enfant trouvée avait quelques compagnes.

Mme Rey, dont la fortune n'égalait pas le zèle, n'hésita pas à tendre la main à la population de Chambéry, dont elle connaissait bien la charité.

On dirait que Mère Thérèse et Mme Rey se souvenaient de cette maxime du bienfaisant

empereur Marc-Aurèle : « Regarde en toi, tu y
trouveras une source, qui toujours jaillira, si tu
creuses toujours. » Elles augmentent des trois
quarts l'emplacement du réduit en agrandissant
la soupente. Elles font remplir des sacs de
paille, se procurent quelques linges, une petite
échelle, et voilà le dortoir monté. Les cavités
de la roche serviront d'étagère et d'armoire ; les
parties saillantes, de crochets pour suspendre
les hardes. Y a-t-il institution qui ait des origines plus obscures et plus pauvres, un berceau
plus ressemblant à la grotte de Bethléem ?

Mlle de Lamouroux disait : « Avec une chambre, une semaine de travail, un écu, on peut
commencer une œuvre. »

L'œuvre naissante avait tout juste un abri et
un écu qu'avait donné l'aumônier des Orphelines, M. Mercier, curé de Notre-Dame. Le travail n'aurait pas manqué ; mais les fillettes
recueillies ne savaient ni coudre, ni tricoter.
Etait-ce là tenter Dieu et les hommes ? Les

prudents du siècle répondaient : « Oui, c'est une folie, une audacieuse témérité ! » Comme toutes les autres œuvres, celle-ci reçut donc le baptême de la contradiction.

Mais la Charité, qui ne *désespère* jamais, répondra à qui lui demande : « Où vas-tu ? — Secourir les misères. — Avec quelles ressources ? — Avec l'aide de Dieu. »

Avec l'aide de Dieu, le *petit troupeau* vit et grandit.....

La Charité instruira les filles de la Grotte, entretiendra chacune d'elles, jusqu'à ce qu'elles puissent gagner par le travail de quoi se nourrir et se vêtir. Si parfois elle a laissé la paresseuse pleurer du manque de pain, c'était pour lui faire comprendre qu'il faut le gagner à la sueur de son front.

La première maîtresse que l'Administration de l'Orphelinat avait consacrée à l'éducation de ces chères pauvrettes, Sœur Colette, née Jeanne Beauregard, de Chambéry, vint un jour dire à

Supérieure, avec un accent de profonde tristesse : « Ma Mère, il n'y a pas de place pour la dernière venue. — Ma sœur, répondit Mère Thérèse, allez pousser le rocher avec l'épaule. » Avec la foi du thaumaturge qui fit reculer la montagne de Néocésarée, l'humble religieuse va pousser le rocher ave l'épaule. L'intervention de la Providence ne se fit pas attendre. Le lendemain, M. Antonioz, riche banquier de Chambéry, vint visiter la grotte. Emu de voir ces jeunes filles et leur maîtresse vivre dans cet étroit et obscur réduit, il loue du propriétaire voisin deux chambres, et paie le premier semestre de la location. Elles peuvent maintenant travailler et respirer à l'aise ; elles ont de l'air et de la lumière ; elles n'auront plus besoin, aux temps nuageux, d'allumer la lampe en plein midi, et, aux jours sereins, de tenir la porte ouverte pour avoir une clarté suffisante.

L'arbre produit par le grain de sénevé peut

maintenant étendre ses rameaux : les eaux du ciel ne le laisseront pas périr. Mme Rey quêtera de l'ouvrage ; la couture, la broderie au tambour et à l'aiguille, fourniront peu à peu de quoi subvenir aux premières nécessités ; l'aumône fera le reste, au jour le jour. Les prudents du siècle ne disent déjà plus aussi haut : *C'est une utopie ! l'œuvre ne vivra pas !* Dieu, qui l'avait soumise à l'épreuve, montrait qu'il voulait en faire une œuvre durable.

Il est rare qu'une institution se développe là où elle a commencé. S'il est permis de comparer les petites choses aux grandes, celle de la Providence de Chambéry quittera, comme Abraham, sa terre natale, son berceau d'emprunt, et ira chercher ailleurs l'espace que demandait sa destinée. Il y avait tantôt neuf ans que la charité avait dressé, pour la petite troupe, une tente à l'ombre bienfaisante de l'Orphelinat, dont elle devait partager le sort. La Compagnie de Chemin de fer Victor-Emmanuel venait d'acheter

(1854) le second établissement des Orphelines, acquis (30 avril 1777) par les soins de l'administratrice d'alors, Mme Thérèse, née Bertrand de la Pérouse, veuve de Charles Métral de Châtillon, laquelle mourut en renommée de sainteté, dans son château de Bassens, aux portes de Chambéry, le 29 août, 6 heures du soir, 1804.

En attendant la belle installation d'aujourd'hui, les orphelines furent logées dans la Salle d'Asile. Les filles de la Providence durent aussi quitter leur premier refuge le 30 avril 1855. Mme Rey et Mère Thérèse en placèrent quelques-unes en domesticité, et trouvèrent pour les autres un abri sous le toit hospitalier de la maison Antonioz, en rue Croix-d'Or.

Cette fois, les adversaires de la petite œuvre crurent avoir raison. Par surcroît, Mme Rey, qui en était l'âme, allait être emportée par une mort foudroyante. Elle succombait, en effet, le 19 mars 1859. Chambéry perdait en elle un type admirable de la femme chrétienne, dévouée à toutes les bonnes œuvres, et les pauvres, une mère dont le cœur leur était toujours ouvert.

Mais avec Dieu, quand tout semble perdu, tout est sauvé. Depuis quarante ans, il préparait, pour continuer et fonder cette œuvre, Mme de Châtillon. Comme on l'a déjà vu, c'était le cœur le plus grand, le plus fort, le plus héroïque. Chaque jour, à chaque instant, cette vaillante chrétienne accomplira des prodiges de dévouement.

Pour sa famille adoptive, elle renoncera à tout : aux relations de société, de famille même, au séjour d'automne à la campagne. Pour elle, sa vie comme sa fortune ; pour elle, ses forces, ses jours, ses veilles, son esprit et son cœur. Non, jamais mère n'aimera plus tendrement ses enfants.

Sans la baronne de Châtillon, l'œuvre commencée n'eût-elle pas échoué contre la pierre sépulcrale de Mme Rey ? Elle n'avait encore ni fonds, ni maison, ni existence reconnue.

Cette situation précaire était de nature à préoccuper cette mère, la plus dévouée des mères. Elle exposa son dessein à son guide spirituel : « C'est la plus excellente des œuvres, répond le prêtre ; mais la réalisation en sera difficile et coûteuse. Pour construire, meubler et entretenir un pareil établissement, il faut un capital énorme. — N'importe, si vous l'approuvez, j'y suis résolue ; quand il ne me restera plus rien, on ne me refusera pas une place à Saint-Benoît (1).

Sans retard, elle communique son projet à son parent le baron d'Alexandry d'Orengiani, président du Conseil administratif des Orphelines, en sa qualité de maire de Chambéry.

Le 20 février 1864, M. d'Alexandry réunit la Commission dans la salle des délibérations, et lui annonce qu'une personne, *désirant rester inconnue*, lui a manifesté l'intention de faire

---

(1) Asile fondé par M. le général de Boigne, pour la bourgeoisie victime innocente des revers de la fortune.

construire une maison pour la Providence dans le nouveau clos des Orphelines. La proposition est acceptée avec enthousiasme, des remerciements sont votés à l'unanimité *pour cette offre si généreuse.*

Une Commission spéciale est nommée pour le choix du local. Elle décida, le 14 avril 1864, que les bâtiments seront construits sur le prolongement de l'aile droite de la chapelle, dans la direction de la clôture nord, et l'aumônerie dans la direction du mur méridional.

L'architecte dresse plans et devis. M. Pierre Lachenal, entrepreneur, signe l'adjudication le 20 juin 1864.

Le 27 octobre 1865, M. Mercier, vicaire général, aumônier des Orphelines, bénit solennellement la première pierre, dans laquelle Mme de Châtillon avait fait incruster une statuette de saint Joseph, comme gage de protection.

L'édifice s'élève rapidement, avec ses vingt grandes fenêtres sur chaque façade longitudi

ORPHELINAT ET PROVIDENCE DE CHAMBÉRY

nale, laissant entrer dans tout l'intérieur des flots d'air et de lumière.

La généreuse fondatrice ne put se cacher longtemps derrière le voile de son humilité. L'opinion publique la reconnut à cette action.

En 1867, le 27 août, l'heureuse Baronne installa sa nombreuse famille dans cette première et belle construction devenue la propriété de l'Œuvre. Elle l'avait fait diviser en deux sections. Les salles les plus vastes, affectées aux filles âgées de plus de huit ans, composent la Providence proprement dite ; l'autre section, consacrée aux enfants de cinq à huit ans, forment l'Espérance ou le vestibule de la Providence.

Les élèves devinrent si nombreuses, que Mme de Châtillon projeta bientôt d'agrandir l'établissement. Mais des épreuves et des contradictions de tous genres l'empêchèrent de réaliser son dessein.

La Maison des Orphelines n'avait pas encore

de prêtre spécialement *attaché* à son service religieux. Cependant, dans une communauté importante, un aumônier résidant est nécessaire, comme un capitaine à une compagnie de soldats. C'est au prêtre qu'il appartient d'enseigner la religion et de moraliser les âmes. C'est par la médiation du sacerdoce, que Dieu a voulu élever l'esprit de l'homme, épurer son cœur et faire épanouir sa vertu.

Un directeur d'école disait : « Deux de mes enfants ont fait leur première communion cette année. Je craignais que leurs études ne fussent enrayées, à cause du surcroît de travail imposé par les cours de catéchisme qu'ils ont suivis. Je suis heureux, au contraire, de voir leur esprit étonnamment ouvert, et leurs places meilleures. J'attribue ces progrès aux vérités chrétiennes dont ils ont écouté les explications, et qui leur ont éclairé l'intelligence et perfectionné la volonté. »

Mme de Châtillon ne voulait pas faire de ses

filles des brevetées, des lycéennes qui seraient trop facilement arrivées à la *licence*, mais elle tenait essentiellement à former de bonnes chrétiennes et d'honnêtes ouvrières.

Pour qu'elles demeurent dans leur humble condition, elle ne veut pas même d'uniforme. Elle prétendait, peut-être avec raison, que l'uniforme favorise la vanité et la prétention.

En fait de connaissances, les élèves de la Providence apprendront seulement le catéchisme, l'histoire sainte, la grammaire française, les éléments de l'arithmétique et de la géographie. C'est assez pour des ouvrières, pour des femmes de chambre, des épouses d'artisans et d'agriculteurs.

Pour les maintenir dans l'esprit de leur condition et pour obvier, dans une certaine mesure, à la vie trop facile du pensionnat, vie qui représente si peu les imprévus, les humbles devoirs, les exigences qui les attendent dans le monde, leur prudente directrice les envoyait successivement passer quelques semaines de l'automne au sein de leur famille. Il est bon, en effet, de revoir de temps à autre la pauvreté du foyer natal, de manger le pain noir de la famille et de coucher sur la dure : la vie en devient plus douce, et l'obéissance plus facile.

Aussitôt l'établissement de la Providence achevé, Mme de Châtillon s'occupa de la construction de l'aumônerie. Elle fit cette nouvelle trouée dans ses capitaux, d'un cœur d'autant plus joyeux qu'elle regardait le prêtre comme l'âme de la Maison.

La nécessité d'un aumônier résidant s'imposait au double établissement. L'Administration des Orphelines le reconnaissait. Mais deux difficultés se présentaient : remplacer, sans le froisser, M. Mercier, vicaire général, qui remplissait les fonctions d'aumônier depuis trente-deux ans, et constituer le traitement.

Mme de Châtillon saura tourner délicatement le premier et surmonter le second de ces obstacles. Elle va droit auprès de Mgr l'Archevêque, lui exprime son désir d'avoir pour aumônier résidant M. l'abbé Henri Monachon, premier vicaire de la Métropole, puis, elle pousse la Commission administrative d'en faire la demande officielle. S. Em. le cardinal Billiet s'empressa de répondre qu'il était heureux d'avoir l'occasion de donner à Mme de Châtillon une marque de sa haute estime, de son admiration et de sa reconnaissance, en attachant le prêtre désigné à la maison des Orphelines, mais à la condition absolue qu'il jouirait d'un traitement minimum de 1,400 francs payé intégralement par le trésorier, d'un jardin, et qu'il occuperait la maison que Mme de Châtillon avait fait construire à cette fin.

Comme la Commission déclara ne pouvoir allouer que 1,000 francs, Mme de Châtillon s'engagea provisoirement à parfaire la somme exigée. Et, le 2 janvier 1868, elle eut la joie de nous voir installer dans la Maison, faite de

ses deniers, comme premier aumônier résidant des filles de l'Orphelinat et de la Providence.

La Providence était donc solidement établie,
sagement organisée. Tant que sa fondatrice vivra, rien ne manquera pour sa prospérité. Elle
pourvoira à l'entretien, à la pension des plus
pauvres, laissera à chacune le produit de son
travail, stimulera la bonne conduite et l'application par des récompenses particulières en
linge, et par une distribution générale annuelle
de la valeur de 3oo francs.

Mais, si Mme de Châtillon avait reçu le don
d'une charité inépuisable, elle ne pouvait avoir
celui de ne point mourir. La prudence demandait donc qu'elle assurât à son œuvre les
avantages de la personnalité civile. D'ailleurs,
l'institution ne pouvait se soustraire à la loi
française qui régit les hospices. Etant unie à
l'Orphelinat comme son annexe, elle devait né-
cessairement en suivre le sort.

La fondation de la Providence fut définitivement reconnue par le Ministre de l'intérieur, le 22 septembre 1872.

Cette reconnaissance est la conséquence logique de l'approbation du Règlement de l'Œuvre, ainsi conçu :

« La Maison des Orphelines comprend :

« 1° L'Orphelinat, où des jeunes filles sont reçues gratuitement comme élèves internes, en conformité et dans la proportion des fondations faites en faveur de l'Œuvre.

« 2° La Providence, où sont admises, comme internes, les jeunes filles âgées de plus de huit ans, ayant une bonne conduite, une bonne santé, moyennant une pension alimentaire fixée d'abord à 15 francs par mois, payée par anticipation ; et comme externes, les jeunes filles âgées de plus de douze ans, ayant une bonne conduite et une bonne santé.

« 3° Le prix de fondation pour chaque place fut fixé primitivement à 4,000 francs.

« 4° L'admission est accordée, la sortie autorisée par la Dame directrice.

« 5° Les jeunes filles sortant de l'Orphelinat à la limite d'âge, dix-huit ans, et ayant eu une conduite exemplaire, seront reçues provisoirement, par préférence, à la Providence en attendant une place.

« 6° Les enfants de la Providence suivront les exercices religieux de l'Orphelinat.

« 7° A l'exception de la Chapelle, qui est commune, les enfants de la Providence occuperont des bâtiments complètement séparés de ceux affectés à celles de l'Orphelinat. Aucune communication ne doit avoir lieu entre ces deux catégories d'enfants.

« 8° Les Religieuses de Saint-Joseph sont chargées de tout ce qui concerne l'éducation, l'instruction, l'apprentissage des élèves, des soins des malades et de tous les services intérieurs (1). »

----

(1) Règlement de la Maison, du 12 septembre 1872.

Les Dames de Sainte-Elisabeth, puis les Dames de Charité, reconnues comme corps moral par lettres patentes, ont administré la Maison des Orphelines de 1724 jusqu'à 1862. Ces Dames étaient nommées pour cinq ans, la première fois par le Roi, puis renouvelées par l'Intendant général.

Telle était la régulière et légale Administration des Orphelines, avant la véritable annexion de la Savoie à la France (1860). Mais depuis, l'Administration fut radicalement reconstituée par décret préfectoral, comme si l'annexion n'avait pas reconnu et garanti tous les droits acquis, et comme si le décret d'un préfet pouvait prévaloir contre des lettres patentes.

Quoi qu'il en soit, les Dames administratrices n'eurent plus, dès lors, que voix consultative dans les délibérations, en sorte que Mme de Châtillon pouvait se voir un jour exclue de l'administration de son Œuvre.

Pour obvier à ce malheur, on eut recours,

quelques années plus tard, et à son insu, à la bienveillante médiation de M. le marquis de Travernay, alors maire de Chambéry et président de droit du Conseil de la Maison. Ayant fait bon accueil à cette démarche, il s'empressa de soulever le voile qui cachait encore officiellement le nom de la fondatrice de la Providence. En présence de tout le Conseil réuni : « Je saisis, dit-il, l'occasion de rappeler les bienfaits de Mme la baronne de Châtillon, pour les asiles confiés à votre Administration : soins *assidus et dévoués, direction constante* et *intelligente, largesses sans nombre,* elle a *tout prodigué* à ces asiles, dès le 16 janvier 1857, date de son entrée dans l'Administration.

« L'œuvre si utile, si intéressante de la Providence, a été et est encore son œuvre de prédilection.

« Cet établissement doit à Mme de Châtillon sa position florissante, le développement qu'il a obtenu, la possibilité d'y recevoir et d'y instruire un nombre considérable de jeunes filles, au moyen de constructions faites de ses deniers.

« C'est à elle aussi, c'est aux secours qui manquaient et qu'elle a fournis, qu'est dû l'avantage d'avoir un aumônier logé dans la Maison.

« Nous devons à Mme de Châtillon le tribut de notre reconnaissance et l'expression de nos désirs de la voir continuer ses soins généreux et son bienveillant appui à des établissements pour lesquels elle a déjà tant fait !

« C'est pourquoi j'ai l'honneur de vous proposer la délibération suivante :

« Considérant que Mme de Châtillon a construit cet Asile de la Providence, en a assuré l'existence par des secours pécuniaires considérables qu'elle a fournis, soit pour l'entretien des jeunes filles, soit pour la construction des bâtiments qu'elle a à sa charge, servant de logements aux élèves ainsi qu'à l'aumônier ;

« Considérant que Mme de Châtillon doit être

regardée non seulement comme *bienfaitrice insigne*, mais comme *fondatrice* de l'Œuvre de la Providence ;

« Sans elle, sans la grande dépense qu'elle a faite, cette Œuvre n'existerait pas dans l'état prospère où elle est maintenant,

« La Commission, après avoir délibéré : prie Mme de Châtillon d'agréer l'expression de sa profonde gratitude, la reconnaît *fondatrice* de l'Œuvre de la Providence annexée à l'établissement de la Maison des Orphelines de Chambéry, et déclare qu'en cette qualité et comme directrice de l'Œuvre qu'elle a fondée, elle aura, durant toute sa vie, droit d'assister aux séances avec *voix délibérative*. Elle aura aussi *le droit de désigner sa survivante pour la direction de l'Œuvre par elle fondée.*

« Le Préfet de la Savoie, vu cette délibération du 20 décembre 1874, le décret du 30 juillet 1806, l'ordonnance dn 31 octobre 1821 et l'instruction ministérielle du 8 février 1823, approuve dans toute sa *teneur* la *délibération* du 20 décembre 1874, reconnaît la baronne de Châtillon *fondatrice* de l'Œuvre de la Providence annexée à la Maison des Orphelines, et déclare qu'en cette qualité et comme directrice de l'Œuvre précitée par elle fondée, elle aura droit, durant sa vie, d'assister aux séances de la Commission administrative avec *voix délibérative*, et de *désigner* sa *survivante* pour ladite Œuvre (1). »

Cette reconnaissance réjouit le cœur de la fondatrice, non point à cause de l'honneur qui en rejaillissait sur elle, car elle fuyait les louanges, mais à cause de l'assurance qu'elle en recevait de pouvoir, jusqu'à sa mort, travailler à la prospérité de la Providence, et à cause du privilège qui lui était accordé de se nommer une survivante pour la continuation de sa chère Œuvre.

----

(1) Archives de la Maison.

Une mort soudaine, hélas! né lui a pas permis de profiter de cette dernière faveur.

Quand, au profit de la charité, Mme de Châtillon se sera réduite à la gêne la plus extrême, elle trouvera dans son cœur, rempli de l'amour de Dieu, des trésors inépuisables pour la formation des âmes.

Elle avait le don de connaître, à première vue, le caractère de chaque élève et savait en tirer parti.

Dans l'état actuel de l'enseignement, dont la devise pourrait se formuler ainsi : *hors du règlement, pas de salut,* la discipline est inflexible. Il faut faire passer par le même moule toutes les natures, même les plus exceptionnelles.

Mme de Châtillon admettait que l'exception confirme la règle. Elle suggérait aux maîtresses la manière spéciale d'élever chaque enfant avec tel ou tel ménagement.

Savoir varier la méthode selon les caractères, c'est l'art des arts. La connaissance de cet art est nécessaire à la bonne pédagogie. La science ne suffit pas pour faire le vrai maître; il lui faut, de plus, le discernement des caractères et des tempéraments, l'autorité qui s'impose et la bonté qui gagne les cœurs.

L'agriculteur ne doit-il pas varier sa culture selon la nature du sol, du climat et des plantes ? Soignera-t-il la vigne comme l'humble fleur du parterre?

Mme de Châtillon avait cette perspicacité, cette bonté maternelle, qui lui venaient de la volonté de faire, à tout prix, de vraies chrétiennes. Elle savait gagner les sympathies; son regard doux et pénétrant récompensait mieux que les éloges; son air triste suffisait pour changer les mauvaises dispositions.

La formation des âmes est difficile et longue; la foi seule peut soutenir ce labeur avec succès et sans défaillance.

Aussi bien, l'œuvre de l'éducation est-elle par excellence l'affaire des Congrégations religieu-

ses. Leur récompense n'étant pas de ce monde,
nul sacrifice ne leur semble trop douloureux;
l'espérance des biens futurs les pousse généreusement à tous les actes d'immolation dont
profite la société.

Elever les âmes par une éducation appropriée
aux conditions sociales, en disciplinant l'esprit
par l'obéissance, le corps par le travail : c'était
le but que se proposait Mme de Châtillon.

Ses fréquentes visites dans les mansardes lui
avaient appris les besoins des ouvriers et le
genre d'éducation qui convient à leurs enfants.

Tandis que, d'une main maternelle, elle soignait les existences qui ont connu trop tôt les
privations, Mme de Châtillon distribuait les
fruits de son expérience aux maîtresses, pour
les aider à former les jeunes orphelines à une
piété simple et solide, à l'amour du travail et à
l'estime de leur condition.

Elle redoutait pour ses filles le confortable
relatif d'une communauté. Pour les prémunir

contre ce danger, elle leur disait : « La Providence est votre paradis terrestre. Il n'en sera pas toujours ainsi ; votre tour de supporter les contradictions de la vie arrivera bientôt ; préparez-vous au combat par l'énergie. On ne devient pas tout d'un coup capable de vaincre les tribulations, de porter chrétiennement le poids du jour.

« Il faut s'y exercer longtemps par la fidélité à tous ses devoirs, par une application constante au double apprentissage du travail et de la vertu. »

Un auteur célèbre a écrit ces paroles remarquables : « Plus j'avançais en âge, plus je me prosternais devant la bonté, parce que ce bienfait est des plus grands que Dieu accorde. »

Ce don du ciel, Mme de Châtillon l'avait reçu avec abondance. Lorsqu'approchait l'époque de la sortie de chaque élève, elle se préoccupait maternellement de son avenir, lui cherchait une place en rapport avec ses aptitudes, ne se déter-

minait qu'après s'être exactement renseignée
sur la moralité de la maison et avoir obtenu
toute sécurité pour la conduite religieuse. Au
besoin, elle complétait la malle de la jeune fille,
payait les frais de voyage et l'accompagnait de
sa sollicitude. Elle préférait les places dans le
voisinage de Chambéry, parce que l'exercice de
la vigilance pour elle et les maîtresses était plus
facile et plus salutaire. Dès qu'elle voyait un
danger sérieux pour sa protégée, elle la déplaçait. En attendant mieux, elle la retirait chez
elle ou à la Providence. Si quelqu'une avait le
malheur de s'oublier, elle lui tendait la main,
relevait son courage et la ramenait doucement
dans la bonne voie. « La bonté est plus forte que
l'épée : celle-ci transperce le cœur pour l'occire,
celle-là le pénètre pour cicatriser ses blessures. » Ce n'est pas le souvenir des rigueurs,
mais des bontés paternelles, qui fit rentrer l'enfant prodigue en lui-même.

Grâce à la tendresse d'une telle mère, plusieurs

ont échappé au péril. Beaucoup béniront à jamais la mémoire de celle qui les a préservées ou tirées des pièges tendus à leur innocence !

Aussi, Mme de Châtillon, avec son Œuvre, a formé et formera de dignes servantes, des mères chrétiennes et de nombreuses religieuses.

Depuis 1860 jusqu'à ce jour, la Providence a donné plus de soixante-dix de ses filles à la vie religieuse. Les unes enseignent dans les diocèses de Chambéry, d'Annecy, de Saint-Jean de Maurienne, de Paris, de Moulins, de Belley, de Marseille ; d'autres sont à Rome, à Naples, à Milan, à Turin ; plusieurs sont allées dans les Missions du Nord de l'Europe, de l'Amérique septentrionale et du Brésil.

La charité a le privilège de provoquer dans les grandes âmes une noble émulation. C'est ainsi qu'on voit d'abord, parmi les imitatrices de Mme de Châtillon, Mme Félicité-Françoise Torenty, veuve de Lavenay. Cette généreuse bienfaitrice, la première qui ait eu la pensée de faire un legs en faveur de l'Œuvre, laissa, par son testament du 27 juillet 1865, son appartement du faubourg Montmélian à la Providence.

Après elle, sa pieuse domestique, Claudine Coddet, ajouta à cette libéralité la somme de 8oo francs.

Viennent ensuite de nombreuses donations dont nous aimons à citer les auteurs :

Mme Marthe née Burdet fonda une place en 1869.

Mlle Marie Berthout légua à l'Œuvre la moitié de ses avoirs, et sa sœur Fanny lui fit un don de 5,ooo francs en 1871.

Mme Julie Béné, veuve Madignier, a donné 3,ooo francs.

Diverses personnes, sous le voile de l'anonyme, 1,4oo francs.

Mlle Louise Pillet, ancienne maîtresse de la Maison des Orphelines, 3oo francs.

Son Eminence le cardinal Billiet n'a pas oublié la Providence dans ses dernières volontés.

M. Routin, au nom de sa pieuse sœur, a donné personnellement à Mme de Châtillon 10,000 francs qui ont été employés, entre autres, à la fondation d'un lit.

Mlle Jeanne Dumont a donné 1,400 francs.

Mlle Lazarine Lambert a fondé une place en 1875.

M. Joseph Marthe a fait une fondation en 1875.

M. Guillaume Forest en a fait autant la même année.

M. Humbert Flandin les a imités en 1881.

Pour se conformer au désir exprimé de vive voix par son beau-frère le comte Auguste Bracorens de Savoiroux, décédé à Chambéry le 23 juin 1886, dont elle avait été instituée légataire universelle par son testament olographe du 20 août 1880, Mme veuve de Savoiroux a fondé une place le 11 juin 1888.

Mme Camille d'Alexandry d'Orengiani a créé une place pour une fille de Cognin ou de Villard-d'Héry.

Ainsi l'on voit le grain de sénevé se développer et produire un arbre sur les branches
duquel les oiseaux du ciel viendront s'abriter
par milliers, dans la suite des siècles, pour
l'honneur de la Religion, la gloire de Dieu et
le salut de tous les coopérateurs de cette Œuvre
de préservation et de sanctification.

CHAPITRE XXIII

Œuvres eucharistiques.

Pour obéir à l'Evangile, qui offre une part d'apostolat à toute âme chrétienne, Mme de Châtillon ne se contenta point de faire la charité autour d'elle, de donner les soins les plus assidus et les plus dévoués à la Maison des Orphelines, de fonder et de diriger l'Œuvre de la Providence, elle voulut s'associer à toutes les œuvres catholiques, comme nous l'avons déjà signalé.

Voyant avec quelle ardeur et quel esprit de prosélytisme les méchants travaillent à perdre les âmes, en répandant partout les plus néfastes doctrines, elle ne put supporter l'idée de faire moins pour le bien que les séides de Satan ne font pour le mal. Elle saisit avec bonheur toutes les occasions de coopérer soit à conserver, soit à ramener les âmes à Jésus-Christ.

Le don de ses biens, de son repos, de sa vie même, lui semblait un gain, si, à ce prix, elle obtenait que Notre-Seigneur fût aimé d'un cœur de plus sur la terre.

Les *Œuvres eucharistiques* lui étaient particulièrement chères. Le seul fait du délaissement et de la pauvreté de l'Hôte divin la désolait profondément. Son zèle s'enflammait au souvenir de cette plainte que Jésus fit un jour à la bienheureuse Marguerite-Marie : « Voilà ce Cœur qui a tant aimé les hommes, qu'il n'a rien épargné... Et pour reconnaissance, je ne reçois de la plupart que des ingratitudes par les mépris, irrévérences, sacrilèges et froideurs qu'ils ont pour moi dans le sacrement de mon amour... Mais ce qui m'est encore plus sensible, c'est que ce sont des cœurs qui me sont consacrés qui en usent ainsi.

« N'y aura-t-il personne qui ait pitié de moi, et qui veuille compatir à ma douleur ? »

Pour compatir à ces plaintes divines, Mme de Châtillon assistera tous les jours au moins à une messe et y communiera ; multipliera et prolongera ses visites au Prisonnier de l'amour méconnu et outragé ; s'associera effectivement ou intentionnellement à toutes les œuvres réparatrices ; unira ses amendes honorables à toutes les adorations du ciel et de la terre.

Un jour, la présidente de l'Œuvre de l'Adoration nocturne parlait devant elle de la difficulté de trouver une adoratrice pour l'adoration qui devait se faire d'une à deux heures du matin. « Ah ! dit-elle, je désirais précisément cette heure ! »

..... Elle donnera gracieusement le lin, la soie et l'or pour l'autel. Un jour, un prêtre lui racontait les difficultés qu'avait le Curé d'une petite et pauvre paroisse, pour la construction urgente de son église ; elle lui remit spontanément

1,200 francs, et quelque temps après, 2,000 francs pour réparer une autre église, avec la recommandation de taire son nom.

La baronne de Châtillon se préoccupait avec anxiété du recrutement du clergé et de son avenir sous le rapport temporel. « Maintenant, disait-elle dans l'intimité, que l'Eglise n'a plus d'opulents bénéfices, les riches lui donnent rarement leurs fils ; ils devraient au moins soutenir de leur or la vocation des enfants pauvres. »

Aussi bien, estimant que rien n'est plus agréable à Notre-Seigneur et plus indispensable au salut des âmes que de donner un prêtre à l'Eglise, elle réservait ses meilleures largesses aux Séminaires. Elle coopérait ainsi à l'œuvre par excellence des vocations sacerdotales, et imitait le Père céleste, qui a livré son Fils unique pour sauver le monde.

CHAPITRE XXIV

Dames de Marie.

Madame la baronne de Châtillon ne manquait pas une occasion de s'édifier elle-même et d'exercer la charité. Aussi, lorsque les Pères de la Compagnie de Jésus érigèrent à Chambéry, le 31 mai 1843, la Congrégation des Dames de Marie (1), elle fut des premières associées.

Ce fut le 3 juin 1843, qu'agenouillée au pied de l'autel de la Très Sainte Vierge, dans la

---

(1) Canoniquement agrégée à la *Prima Primaria* de Rome, le 22 juin 1843, approuvée et bénie par Monseigneur l'Archevêque A. Billiet, le 1ᵉʳ mai 1857, par Monseigneur P.-A. Pichenot, son successeur immédiat, et par Sa Grandeur Monseigneur l'Archevêque François-de-Sales-Albert Leuillieux, le 24 juin 1888.

chapelle du Collège des Pères, aujourd'hui du Lycée, elle prononça d'une voix ferme son acte de consécration :

« Sainte Marie, Mère de Dieu et Vierge immaculée, moi Noémi de Châtillon, je vous choisis en ce jour pour ma patronne et mon avocate. Je prends la ferme et inébranlable résolution de ne jamais vous abandonner, de ne jamais rien dire ni faire qui soit contraire au service qui vous est dû, et de ne jamais permettre que vous soyiez offensée par ceux sur qui j'aurai autorité.

« Je vous supplie donc très humblement de m'admettre pour toujours au nombre de vos servantes les plus dévouées. Assistez-moi en toutes mes actions, et ne m'abandonnez pas à l'heure de la mort. Ainsi soit-il. »

Nous avons tenu à citer en entier cet acte solennel de consécration, parce qu'il nous révèle une des grandes forces qui ont captivé le cœur de celle qui l'a prononcé.

Mme de Châtillon, avec l'Eglise de Dieu et

tous les vrais serviteurs de Jésus-Christ, avait le culte de la Très Sainte Vierge, cette dévotion des prédestinés. C'est pourquoi, dès le début de son mariage, et pour triompher plus complètement des séductions de la fortune, de la noblesse, de la jeunesse et de la beauté qui enivrent tant de jeunes femmes moins avisées, notre pieuse Baronne se fit recevoir dans la Congrégation des Dames de Marie.

Cette Congrégation a pour but « d'entretenir, de fortifier et de développer, parmi les Membres qui la composent, l'*esprit de foi qui opère par la charité*. » Elle impose à ses associées l'obligation morale de travailler plus sérieusement à leur sanctification personnelle, ainsi qu'aux œuvres de zèle.

Centre de ralliement et d'action pour les femmes pieuses de la haute société, depuis quarante-sept ans, elle n'a jamais cessé, grâce à Dieu, de produire des fruits d'édification et de salut.

Pendant les deux premières années, ce fut à

secourir les commencements du Bon-Pasteur, que la Congrégation employa les ressources de son argent et de son activité.

En 1845, voyant que cette œuvre de Mlle Laurence Guittaud était entrée en pleine voie de prospérité, elle résolut de fonder une Salle d'Asile. M. le chanoine Chamoüsset, vicaire général, directeur de la Congrégation, approuva ce dessein, dressa les plans et en dirigea l'exécution.

Aussitôt les Dames de Marie se concertèrent avec les Sœurs de Saint-Joseph, si connues à Chambéry pour leur dévouement aux écoles populaires, et la même année, une salle provisoire fut ouverte. Puis, successivement on acheta un terrain, et l'on construisit, parallèlement au boulevard du Théâtre, un édifice capable de contenir cinq cents enfants (1). Si bien qu'au-

---

(1) L'Asile occupe le rez-de-chaussée de l'édifice : il consiste en trois salles à gradins de 12 mètres de long, d'un réfectoire de 18 mètres, d'un préau de 22 mètres de longueur et d'une cour de récréation spacieuse.

jourd'hui l'on peut résumer en deux mots l'histoire et le succès de cette généreuse entreprise :
plus de cent mille francs d'entretien dépensés ;
plus de quatre mille petits enfants chrétienne-
ments élevés.

C'est faire acte de justice que de reconnaître
à Mme de Châtillon une large part dans cette
somme de gloire et de mérites.

Dès le premier jour de son admission, elle
s'efforça de mettre sa conduite en harmonie avec
le double but religieux de la Congrégation.

Fidèle au règlement, elle se faisait un devoir
d'assister aux réunions mensuelles de piété,
qui se tinrent d'abord dans la chapelle des
RR. PP. Jésuites, puis dans la Sainte-Chapelle
du Château, et finalement dans celle du couvent
de Saint-Joseph.

Elle n'était pas moins exacte aux réunions de
travail des vendredis, et c'était sous le regard
du divin Enfant de la crèche de Bethléem et de
sa Sainte Mère, qu'elle s'appliquait à confec-

tionner les vêtements qui se distribuent tous les ans aux petits enfants pauvres de l'Asile (1).

Elle donnait généreusement aux quêtes, payait régulièrement sa cotisation, visitait ses compagnes de Congrégation malades, et montrait dans toutes les circonstances un intérêt véritable à la Société.

Aussi les suffrages des élections la portèrent-ils, à deux reprises différentes, en 1857 et en 1861, aux honneurs du Conseil d'administration (2).

C'est avec raison qu'un grand évêque s'écriait un jour : « Des asiles ! des asiles ! dans les villes et dans les campagnes, pour les enfants pauvres ; des asiles aussi pour les enfants riches,

----

(1) Vêtements distribués l'année de la mort de Mme de Châtillon, confectionnés par les Dames de Marie : 42 robes, 83 tabliers, 20 paletots, 21 pantalons pour garçons, 26 pantalons pour filles, 54 paires de bas, 102 chemises ; total, 348 pièces.

(2) Rapport de l'Œuvre, par M. l'abbé L. Bouchage, directeur des Dames de Marie, année 1885.

afin que le superflu de ceux-ci couvre l'insuffisance de ceux-là. »

« Nous estimons sans doute les écoles, mais l'école sans l'asile qui lui sert de préparation et de vestibule, ne répondra jamais qu'imparfaitement à sa destination.

« C'est pourquoi, conclut Mgr Giraud, archevêque de Cambrai, dans l'intérêt même des écoles, nous voudrions voir un asile uni à chacune d'elles, comme son annexe et son appendice indispensable. »

Elles méritent donc bien de la patrie et de l'Eglise de Dieu, les Dames de Marie et, avec elles, Mme la baronne de Châtillon, qui ont fondé la Salle d'Asile de Chambéry.

Recueillir les petits enfants pour les préserver du scandale et les éclairer des lumières de la foi, n'est-ce pas mériter l'accueil le plus favorable, à son entrée dans le séjour de l'éternité, de la part de Jésus qui, appelant un petit enfant auprès de lui et le caressant, dit à ses disciples :

« Quiconque s'humiliera comme le petit enfant, celui-là sera le plus grand dans le royaume
des cieux. Et celui qui recevra un petit enfant
comme celui-ci, en mon nom, me recevra (1). »

(1) Saint Mathieu, chap. XVIII.

CHAPITRE XXV

Société de Sainte-Chantal.

’Eglise est semblable à un parterre, où la variété des fleurs fait ressortir la puissante industrie du divin Jardinier. Cette prodigieuse variété figure la multiplicité des Associations catholiques, toutes excellentes, puisque toutes visent à sauver les âmes, en soulageant les corps. Elles s’épanouissent selon les besoins du temps, au souffle de la Charité, toujours alarmée de l’audace envahissante du Mal.

Une société de *Sœurs maçonnes* venait de se former à Chambéry, en 1867.

A la nouvelle de cette apostasie, inouïe encore en Savoie, Mlle P. Ract se concerte avec Mme de

Châtillon sur les moyens d'en arrêter les progrès. Les deux vaillantes chrétiennes conviennent d'opposer à l'association impie une Société catholique de secours mutuels pour les femmes. Elles se procurent les statuts de sociétés similaires, dressent un règlement plein de sagesse avec l'aide de M. l'abbé Albert Pillet, alors directeur de la Société de Saint-François de Sales, fondée par son oncle, le chanoine Humbert Pillet, de douce mémoire.

La Société de secours mutuels, sous le patronage et le vocable de Sainte-Jeanne de Chantal, a pour but :

1° De contribuer au bien moral et religieux des femmes du peuple de Chambéry, en les protégeant contre les dangers qui les entourent, en les aidant à persévérer dans les devoirs de la vie chrétienne ;

2° De leur venir en aide, lorsqu'elles sont malades, en leur procurant gratuitement les soins du médecin, les médicaments et une indemnité pour chaque jour de la maladie ou de la convalescence.

La Société comprend :

Les *Membres actifs*, qui dirigent et administrent l'Œuvre ;

Les *Membres honoraires*, qui la soutiennent par leur concours sympathique, par leurs dons et une cotisation annuelle ;

Les *Sociétaires participants*, qui jouissent des bienfaits de l'Œuvre moyennant le versement de leurs cotisations et l'accomplissement du règlement.

La Société de Sainte-Chantal s'adresse donc à toutes les classes :

Des personnes riches, elle sollicite une obole, un appui moral, et promet, en retour, une prière quotidienne, l'assistance à la sépulture de chaque Membre honoraire, et la célébration d'une messe pour le repos de son âme.

Aux femmes du peuple, elle demande une cotisation mensuelle, et assure dans la maladie la visite du médecin, les remèdes et un secours journalier jusqu'à entière guérison, afin qu'une rechute ne soit pas la conséquence d'un travail trop tôt recommencé.

Le trait d'union entre les sociétaires, c'est, avec leur devise : *Aimons-nous,* la prière, la visite des malades, la célébration de la fête de sainte Jeanne de Chantal par une messe solennelle, un sermon et le salut du Très Saint-Sacrement.

Tels sont le but et l'organisation de cette Société de secours mutuels, dont Mme de Châtillon exerça la charge délicate, et parfois si difficile, de présidente, pendant dix-sept ans, c'est-à-dire jusqu'à sa mort.

Cette Association venait bien à propos. Quatre-vingts personnes répondirent au premier appel des fondatrices. Bientôt elle compta près de deux cents Membres participants et environ quarante Dames honoraires.

Mme de Châtillon l'encourageait et la soutenait de son cœur d'apôtre. Elle veillait sur elle comme sur une œuvre bien-aimée. Sa joie était d'apprendre que la plus parfaite harmonie régnait au sein de la Société. Aussi, présidait-elle toutes les réunions, qu'elle charmait par l'oubli d'elle-même.

Nous trouvons, dans un journal du 23 août 1868, l'appréciation suivante de la première fête religieuse de la Société de Sainte-Chantal :

« Rien de plus commun que la création des sociétés de secours mutuels pour les hommes; mais pour des dames, cela me semble un phénomène.

« Cependant, d'après leurs statuts et les résultats déjà obtenus, je ne suis pas éloigné de croire que cette Association féminine ne devienne le modèle de beaucoup d'autres de ce genre. J'en trouve une preuve dans leur premier acte public, qui est une fête en l'honneur de leur patronne; dans leur première assemblée solennelle, où l'on ne parle que de *charité*, et dans leur but, qui est tout dévouement, bonté pour les malades. On sent que c'est ce principe : *aimez-vous les uns et les autres*, qui anime ces dames ; et tout fait prévoir que cette Société fleurira de plus en plus, car les bons principes engendrent toujours des fruits abondants de salui. »

CHAPITRE XXVI

Le silence de Dieu.

L'ADIEU que Mme de Châtillon avait dit au monde fut irrévocable ; en le quittant, elle le quittait pour toujours : « Je ne tiens en rien ici-bas, répétait-elle quelquefois. Si une voix autorisée me disait : partez pour la Chine, Dieu le veut, je ne prendrais que le temps de boucler ma malle. Si le monde tombait, je ne demanderais pas s'il tombe à gauche ou à droite. »

Le bon Maître lui rendit d'abord, par l'onction de sa grâce, cette abnégation totale, aimable et facile. Il étendait sa main sous le poids des croix qu'Il lui ménageait (1).

---

(1) *Dominus supponit manum suam.* Ps. XXXVI, 24.

C'est dans le tressaillement de ces tendresses divines que cette âme ardente s'est écriée : « Mon Dieu, commandez que je me sacrifie, afin que je puisse vous dire avec une joie sans égale : *Je vous aime !* »

Désormais, Mme de Châtillon ne prouvera plus son amour pour Dieu dans la joie, mais dans la douleur, mais dans le *fiat* du jardin des Olives, répété sur la croix au milieu des clameurs de la foule et dans les angoisses de l'abandon.

C'est le privilège des grandes âmes de boire le calice jusqu'à la lie, et pour la baronne de Châtillon, la lie fut le *silence de Dieu.*

Tel est le supplice que la pieuse Baronne endura pendant les huit dernières années de sa vie. Après l'avoir visitée par des grâces qui sont l'avant-coureur des plus rudes épreuves, le divin Sanctificateur se cache et la laisse à sa faiblesse personnelle. Vainement, elle l'appelle et le recherche ; vainement, elle soupire vers cet unique Epoux, qui est seul son amour et sa joie : il paraît sourd à sa voix. Plus elle se montre constante et généreuse, plus sont accablantes les peines qu'il fait peser sur elle.

La pensée de la présence divine, qui auparavant la consolait, la fortifiait et l'exaltait, ne lui cause maintenant que tristesse, défaillance et terreur. Il lui semble que les élans de son cœur sont repoussés et que ses effusions tombent dans un vide immense. Plus elle essaie de percer les nuages qui lui cachent la lumière, plus ces nuages s'épaississent.

Dans sa tristesse, David s'est souvenu de son Dieu et a retrouvé les consolations de la joie.

Mais, à elle, ce souvenir n'apporte que l'épouvante du jugement.

Prosternée dans la prière, elle tient longtemps ses bras, chargés d'œuvres, levés vers le ciel ; mais ils retombent de lassitude, et son cœur reste froid, inconsolé. Elle a beau poursuivre le céleste Epoux de ses supplications, Il ne lui répond pas.

En buvant chaque jour le calice amer, elle a beau répéter : Mon Jésus, embrasez mon cœur du feu de votre amour ! son cœur ne s'embrase point.

Paul de Tarse, Thérèse d'Avila débordent de joie au sein des plus accablantes désolations, et Mme de Châtillon ne ressent qu'un découragement habituel dans la douleur qui l'enveloppe.

« C'est une grande chose et une très grande chose, dit l'*Imitation,* que de pouvoir se passer de toute consolation, tant des consolations divines que des consolations humaines, et que de soutenir pour l'honneur de Dieu l'*exil du cœur (1).* »

Mais cette grande chose est le prix de la privation résignée de tout ce qui donne à un être aimant la vie et la joie.

Dans cet abandon, la pieuse Baronne aurait voulu trouver un peu de chaleur, de sympathie

____

(1) Livre ii, chap. IX.

auprès des âmes qu'elle avait tant aimées; mais Dieu permit que le vide se fît autour d'elle.....

Voici, tirée des *Paillettes d'or*, la peinture de ce que j'ai essayé de dire :

Dans la foule secrètement,
Dieu parfois prend une âme neuve,
Qu'il veut amener lentement,
Jusqu'à lui d'épreuve en épreuve.

Il la choisit pour sa bonté,
Et lui donne encore en partage
La tendresse avec la fierté,
Pour qu'elle saigne davantage.

Il fait plier sous ses douleurs
Le faible corps qui l'emprisonne ;
Il la nourrit avec des pleurs
Que nulle autre âme ne soupçonne.

Il lui suscite, chaque jour,
Pour l'éprouver une autre peine ;
Il la fait souffrir par l'amour,
Par l'injustice et par la haine.

Jamais sa rigueur ne s'endort.
L'âme attend la paix ? il la trouble ;
Elle lutte ? il frappe plus fort ;
Elle se résigne ? il redouble.

Il la blesse d'un coup certain
Dans chacun des êtres qu'elle aime,
Et fait de son cruel destin
Un mélancolique problème !

A la rude loi du travail
Il là condamne. Ainsi frappée,
Il la durcit comme un émail
Et la trempe comme une épée.

Juge inflexible, il veut savoir
Si jusqu'au bout, malgré l'orage,
Elle accomplira son devoir
Sans démentir ce long courage.

Et s'il la voit au dernier jour,
Sans que sa fermeté réclame,
Il lui sourit avec amour.
C'est ainsi que Dieu forge une âme.

Ne semble-t-il pas que le poète a voulu faire le portrait de Mme de Châtillon ?

CHAPITRE XXVII

Le soir de la vie.

ES dernières années de Mme de Châtillon furent donc spécialement éprouvées. C'est la part des âmes d'élite. Dieu la fouilla sans relâche, avec le ciseau de la douleur, jusqu'à ce qu'Il eût gravé profondément en elle l'image de la croix, le sceau des prédestinés.

L'âge lui amena son cortège d'infirmités : la vue s'affaiblit, l'ouïe devint dure. Le sommeil l'abandonnait souvent. Les insomnies sont fécondes en pensées noires. L'esprit, comme la nature, prend des teintes sombres au milieu du silence et des ténèbres durant lesquels les yeux demeurent ouverts. Elle profita de tout pour se recueillir plus intimement et s'unir toujours davantage à Notre-Seigneur Jésus-Christ.

Pendant la nuit, Mme de Châtillon se levait de son grabat pour s'absorber dans de longues prières ; et, pour toucher plus sûrement le cœur de Dieu, elle se plaisait à prendre les deux attitudes du Sauveur priant au jardin de l'Agonie et sur la croix du Calvaire. Dans le jour, les terribles appréhensions de devenir aveugle lui faisaient trouver le calme dans ses prostrations aux pieds du Prisonnier du divin Amour. On l'a vue, dans sa chapelle de Châtillon, passer souvent trois heures entières, tantôt les bras en croix, tantôt étendue comme une victime immolée. C'est là qu'elle se plaisait à répéter : « Mon Jésus, mon Dieu, je suis devant vous comme une plante desséchée, mettez-y le feu de votre amour. »

Dieu voulait qu'elle fût crucifiée au monde et que le monde fût pour elle comme un crucifié. « Il suffit, disait-elle, que je m'attache à une créature, pour qu'elle me soit enlevée. »

Mystère ! mais mystère éclairé par la parole de la vie ! « Si quelqu'un veut venir après moi, qu'il se renonce lui-même et qu'il porte sa croix chaque jour, et qu'il me suive. »

« Si Dieu veut notre âme tout entière, écrivait Lacordaire à un jeune homme, brisé par une déception dont il ne savait ni vaincre ni oublier l'amertume, faut-il s'étonner qu'il lui ôte tout ce qui pourrait l'enraciner ? Quand Dieu nous broie sous ses verges, n'est-ce pas pour que nous ne cherchions pas d'autres yeux que ses yeux, pas d'autres lèvres que ses lèvres, pas d'autres épaules que ses épaules sillonnées par les fouets, pas d'autres mains, d'autres pieds à baiser que ses mains et ses pieds percés pour notre amour ; pas d'autres plaies à soigner que ses plaies divines et toujours sanglantes ? Dieu nous frappe, nous blesse, nous crucifie, pour nous rendre semblables à son divin Fils. Là est le vrai sens du mystère de la douleur. »

C'est donc parce que Dieu voulait l'âme tout entière de Mme de Châtillon, qu'il la fit passer par le creuset de toutes les tribulations physiques et morales.

Ce qui mettait le comble à sa peine, c'est qu'elle ne pouvait pas se réjouir de sa croix, comme le grand apôtre saint André, qui s'écriait dans l'enthousiasme de son âme : « O croix si ardemment aimée ! il y a longtemps que je vous désire et que je vous cherche ! » ou comme saint Ignace d'Antioche : « Je brûle d'être moulu sous les dents des léopards, pour être le froment de Dieu. »

Faut-il s'étonner que la baronne de Châtillon trouvât sa croix écrasante ? Notre-Seigneur lui-même a voulu éprouver, devant le calice de sa passion, la peur et l'hésitation, propres à notre infirmité.

A l'idée de devenir aveugle, qui lui était humainement insupportable, elle s'écriait : « Mon Dieu ! mon Dieu ! pitié ! laissez-moi au moins assez de lumière pour me conduire sans aide ! »

Dans cette cruelle prévision, elle s'exerçait à marcher en fermant les yeux ; mais, après quelques pas, elle s'arrêtait comme suffoquée.

Ses amies, qui tenaient cependant sa vertu en haute estime, ont pu croire un instant à une apparence de révolte : non, la plainte n'était qu'à la surface ; le fond restait soumis, et le *fiat* sanctificateur avait toujours raison des inévitables appréhensions de la nature.

Mme de Châtillon ne refusait pas de boire son calice, elle savait bien que l'amour qui ne sait pas souffrir est indigne de ce nom. Seulement, elle sentait trop vivement que la cécité, en la condamnant à l'inaction, serait pour elle la plus écrasante des croix. Aussi, ne crut-elle pas agir contre la volonté de Dieu, en recourant à la science pour écarter d'elle une infirmité qui devait l'éloigner du service des pauvres de Jésus-Christ.

Dès les premières perturbations de sa vue, elle

recourut aux spécialistes de renom. Ses yeux
étaient atteints du glaucôme, affection dont les
ravages sont parfois si rapides que la vue est
perdue en quelques jours. Elle subit successivement des opérations sur les deux yeux, et rentra chez elle avec l'espoir de ne pas devenir
aveugle, de conserver le peu de lumière qui
lui restait. Cependant sa forte constitution est
ébranlée, et lorsqu'elle a recouvré assez de force
pour reprendre ses œuvres, voilà que le glaucôme se complique de cataracte. Quelles anxiétés !.
Le médecin lui déclare qu'il ne peut rien pour
son soulagement, avant que l'œil le plus malade
soit en pleine obscurité. Dieu lui imposa huit
mois de mortelles angoisses, qui furent huit
mois de prières douloureuses. Enfin la cataracte
va pouvoir être opérée. Mais l'heure de nos
délivrances est toujours à Dieu, et Dieu se plut
à la retarder pour sa magnanime servante. Sur-
vint une maladie qui fit renvoyer l'opération
de longs mois encore.

Cette sorte de martyre l'épuisait : tristesse, solitude, inaction, souffrance, privations de tous genres, rien ne lui fut épargné. Recevait-elle une lettre, une dépêche, il fallait attendre la visite d'une personne de confiance pour en prendre connaissance. Une fois, entre autres, nous fûmes dans le cas de lui lire une lettre qu'elle avait reçue depuis trois jours.

On se tromperait néanmoins, si l'on pensait que cette âme forte ait manqué de courage.

Le jour de l'opération arrivé, Mme de Châtillon ne voulut pas se laisser endormir, elle l'endura dans une immobilité parfaite. « C'est fait, dit le docteur, je suis content de vous et de moi. »

Elle passa dans la chambre obscure, les yeux bandés. Une fois le jour, l'oculiste enlevait l'appareil pour la soulager et constater le succès. Il lui inspirait un espoir qu'elle ne pouvait partager. Elle ne se trompait pas, car une capsule était restée dans l'œil.

Elle eût voulu la faire extraire avant de quitter Lyon, par prudence, le spécialiste s'y refusa. Désolée mais résignée, elle revint dans son ermitage, transformé en vrai calvaire.

Elle fait vœu de construire à Châtillon une magnifique grotte en l'honneur de la Vierge Immaculée, si elle obtient la grâce de ne pas perdre la vue. Au commencement de février, elle se rend à Lourdes. Elle y reste vingt-deux jours dans la prière et la pénitence. Trois fois, elle se jeta dans la piscine glaciale : « Sa foi, se disaient les témoins, doit opérer un miracle. » Mais le miracle ne se fit pas.

Elle voulait y prolonger ses supplications et ses larmes ; les gardiens de l'illustre sanctuaire ne le lui permirent pas. Elle reprit le chemin de la Savoie, dans l'espoir que la Sainte Vierge, touchée de sa confiance, bénirait la main de l'opérateur. Effectivement, M. Dufour, de Lausanne, fut plus heureux que le premier oculiste. L'extraction de la cataracte des deux yeux réussit d'une manière parfaite.

La nouvelle de cette dernière opération causa une grande joie. Les enfants de l'Orphelinat et de la Providence en remercièrent vivement la bonté de Dieu.

Mais, hélas! l'inflammation des yeux n'avait pas disparu qu'une fièvre méningogastrique se déclare. « Le bon Maître, disait Mme de Châtillon, ne m'a rendu un peu de lumière que pour me permettre de voir les ravages que va faire en moi sa nouvelle épreuve. » Cette maladie, cependant, ne devait pas la conduire au tombeau. Dieu voulait seulement donner à son âme un plus grand lustre de pureté, de beauté et de grandeur. Pour atteindre le degré de perfection à laquelle elle avait été prédestinée, il fallait qu'elle passât par les divers creusets de la souffrance.

Aussi, sous l'action de ce divin instrument de toutes les vertus, la baronne de Châtillon arrive au suprême degré de l'amour, qui s'appelle l'abandon. Détachée de tout, elle avait le

mal du ciel, comme l'exilé a le mal de la patrie.
Elle parlait avec joie de la mort, qui en est la
porte.

Une seule chose l'effrayait, le jugement de
Dieu. « Au premier symptôme de ma fin prochaine, nous disait-elle souvent, je vous demande en grâce de m'en avertir et de me donner
tous les secours de la Religion, sans oublier l'indulgence plénière : le purgatoire est terrible ! »

Nous la rassurions par ces divines paroles :
« La charité couvre la multitude des péchés... »
« Le miséricordieux trouvera miséricorde... »
« Vous m'avez donné à manger, vous m'avez
vêtu, vous m'avez abrité : venez, possédez mon
royaume. »

CHAPITRE XXVIII

Le départ.

C'EST vers son couchant que le soleil lance ses gerbes de rayons aux plus chaudes et riches couleurs. Ainsi, la piété de la baronne de Châtillon jeta les plus vives flammes au dernier déclin de sa vie. Sa dévotion au Dieu caché sous les voiles eucharistiques, n'eut jamais plus d'amour et d'abandon. L'humilité ne lui avait pas inspiré d'aussi bas sentiments d'elle-même et de ses œuvres ; la charité, un dépouillement aussi absolu des biens terrestres, à l'encontre de certains vieillards qui s'y attachent comme le naufragé se cramponne à la planche de salut flottant sur l'océan courroucé. En voici un exemple d'autant plus beau qu'à cette époque Mme de Châtillon était réduite à la gêne.

Un de ses débiteurs lui avait reconnu, par billet, une dette de *4,000 francs;* ses affaires marchaient mal. En apprenant sa détresse, elle déchire le billet et lui en renvoie les lambeaux.

Quelques semaines avant sa mort, elle nous répétait : « Je ne saurais comment m'imposer une privation de plus. »

Après huit ans de tribulations physiques et morales, Dieu lui rend assez de santé et de lumière, afin qu'elle puisse reprendre son activité pour les bonnes œuvres. Elle quitta donc sa retraite de Châtillon sur la fin d'octobre 1885, et vint à Chambéry, dans un modeste appartement qu'elle avait loué en face de l'église de Notre-Dame, n° 8, à quinze pas de la porte principale.

Hélas ! c'est là qu'elle devait succomber !

Son installation était à peine terminée, qu'elle nous dit : « Le nid est fait, l'oiseau va s'envoler. » A ces mots, qui étaient prophétiques, nous répondîmes : « Le jour de votre départ n'est connu que du Maître de la vie et de la mort. L'heure décisive, marquée par sa sagesse, est la seule que le juste doive désirer. L'essentiel, c'est d'avoir toujours pure sa robe nuptiale et sa lampe allumée, afin d'être prêt, à l'appel du céleste Epoux, à Le suivre dans la salle des noces béatiques. »

Telles furent nos dernières paroles échangées avec elle. C'était le 30 octobre, quatre heures du soir. Une nuit s'écoule, puis un jour, et, le lendemain, fête de tous les Saints, Mme de Châtillon se lève à l'heure de son règlement, prépare son âme à la communion, et dit à son unique servante : « Je descends à l'église, suivez-moi de près, vous ferez ma chambre au retour. » Saisie d'un malaise indéfinissable, on ne sait combien de minutes après, la pieuse Baronne rentre en cuisine : « Louise ! vite, élixir, linge chaud sur la poitrine. » Puis, elle serre les dents et s'évanouit. Affolée, la domestique crie au secours et transporte sur son lit sa chère maîtresse, en l'inondant de ses larmes. M. l'abbé Lovet, premier vicaire de Notre-Dame, prévenu du malheur, accourt, lui donne l'Extrême-Onction, l'indulgence plénière qu'elle avait tant désirée, et son âme prit son essor, sous les ailes de l'humilité et de la charité, vers les demeures bienheureuses. L'horloge marquait sept heures et demie (1er novembre 1885).

Née le 5 novembre 1819, la baronne Noémi de Châtillon avait soixante-six ans cinq jours de vie agréable à Dieu, dont vingt ans de jeunesse édifiante, vingt de mariage exemplaire, vingt de viduité évangélique.

Si la mort l'a frappée soudainement, elle ne l'a point surprise ; en lui épargnant les dernières terreurs des jugements divins, elle ne l'a pas privée du mérite désirable du sacrifice de sa propre vie ; car, chaque jour, elle l'offrait en holocauste à la souveraine Majesté. Subir ainsi volontairement la mort, ce châtiment inéluc-

table du péché originel, c'est la grande expiation
et le suprême mérite.

En recevant la terrifiante dépêche, le baron
d'Anglejan, son frère, nous écrivit ces mots
mouillés de larmes brûlantes :

« Je trouve adorable la fin subite de ma chère
sœur, laquelle me ferait trembler chez tout autre. J'y vois si clairement une récompense de
ses vertus que vraiment, ce me semble, je n'au-
rais pas le courage de dire, si le pouvoir m'en
était accordé, le mot qui pourrait nous la rendre.

« Et cependant je suis brisé, et, de moi-même,
je ne puis faire mon sacrifice ; j'ai beau me dire
qu'elle est arrivée au port, me rappeler ses
exemples, ses appréhensions et les miennes,
dont la solitude et les infirmités auraient fait
un long martyre ; je n'en ai pas moins le cœur
broyé, et ne puis me faire à la pensée de n'avoir
plus dans ce monde la confidente intime de
mes pensées, une sœur unique sur laquelle je

comptais. C'est de l'égoïsme, je le sens ; mais je prie Dieu d'avoir égard à ma faiblesse et de me le pardonner. »

Précieuse devant le Seigneur, cette mort fut une surprise douloureuse, un deuil public au milieu des douces espérances de la Toussaint. Et chacun de dire : c'est une perte immense, irréparable pour les pauvres, les affligés, les orphelins et les œuvres catholiques. Mais la défunte continuera à faire le bien, à travers les âges, par la fondation de la Providence, et par ses exemples, à prêcher aux générations futures Notre-Seigneur, Salut du monde.

Revêtue, selon son désir, de l'habit du Tiers-Ordre, le crucifix sur la poitrine, le chapelet entre ses mains, la pieuse défunte fut exposée trois jours dans une chambre ardente. Tour à tour, les maîtresses, avec leurs élèves de l'Orphelinat et de la Providence, les Tertiaires, les Dames de Marie, la Société de Sainte-Chantal, ses amies, ses admiratrices et la foule des pauvres, vinrent

verser sur sa dépouille l'eau sainte, des larmes
et des prières.

Les funérailles, célébrées le 4 novembre, furent un solennel et touchant hommage à la vertu.
Jamais l'église de Notre-Dame n'avait vu se
presser, dans la prière, autour d'un cercueil, une
assistance plus sympathiquement attristée, plus
nombreuse et plus mêlée. Le deuil était conduit
par le frère de la défunte, le baron d'Anglejan,
entouré de ses trois fils : Joseph, capitaine d'in-
fanterie; Robert d'Anglejan-Châtillon, capitaine-
commandant de cuirassiers; Roger d'Anglejan,
sous-lieutenant de chasseurs; M. Roger de Bou-
teyre, neveu par alliance, et par MM. les barons
d'Alexandry d'Orengiani, ancien sénateur; de
Tours et du Bellair, conseillers à la Cour d'appel, parents de la défunte; venaient ensuite la
Commission administrative de la Maison des
Orphelines, le Conseil municipal de Chindrieux, et le cortège formé de toutes les classes
de la société.

La grande chrétienne fut inhumée dans le cimetière de Chambéry, à côté de son époux, dans un tombeau des plus modestes. Les enfants de la Providence et de l'Orphelinat, du moins, y déposeront successivement les fleurs de la reconnaissance; et, dans sa simplicité, ce sépulcre restera plus vénérable et plus glorieux que les fastueux mausolées qui couvrent les dépouilles des superbes égoïstes et des philanthropes.

Le bulletin de la *Cour de Marie*, dont Mme de Châtillon était membre, consacra à sa mémoire des lignes qu'on ne lira pas sans intérêt :

« Au matin de la grande fête des Saints, une admirable chrétienne de Chambéry était soudainement frappée par la mort, en revenant de recevoir son Dieu qui, couronnant la vie de cette âme d'élite, la conviait à la communion éternelle des élus! Mme la baronne de Châtillon possédait à un haut degré les vertus dont Jésus nous a donné l'exemple. Mais la charité envers les pauvres fut le trait saillant de son caractère.

Il faudrait des pages pour le récit sommaire de tous les actes d'héroïsme accomplis par cette femme que consumait le feu de cette sublime vertu.

« Non contente de consacrer la plus grande partie de sa fortune à la fondation de la Providence, Mme de Châtillon se dévoua à soulager, à secourir toutes les infortunes, donnant toujours, s'imposant des privations qui la réduisirent à un véritable état de gêne. Qu'elle dut se présenter les mains pleines au divin Juge, celle qui, un jour, sollicitant une faveur pour une mère infortunée auprès d'un homme important de la cité, s'entendait répondre : « *Comment, Madame, peut-il y avoir encore à faire, dans notre ville, une bonne œuvre que vous n'ayiez pas accomplie ?* »

« On devine, à ces paroles, ce qu'était cette incomparable chrétienne que la reconnaissance publique enveloppe d'un impérissable souvenir, et que les associés de la *Cour de Marie* sont heureux de compter dans leur pieuse milice. »

Les *Annales Franciscaines* voulurent aussi, dans leur plus prochain numéro, faire l'éloge de celle qui, par humilité, avait demandé de porter en religion le nom de Marie-Madeleine :

« La baronne de Châtillon, sœur Marie-Madeleine de Saint-François d'Assise, est décédée le 1er novembre 1885, après *vingt ans de profession*.

« Sa mort, arrivée le jour de la Toussaint, semble nous consoler de cette immense perte par le souvenir des joies du ciel, récompense de sa vie entièrement consacrée aux bonnes œuvres.

« Depuis son veuvage, elle a vécu dans la retraite et dans l'exercice d'une charité incessante et dévouée sous toutes les formes. Elle a employé la plus grande partie de sa fortune à fonder la Providence, destinée à recueillir les jeunes filles et à leur procurer les moyens de gagner honorablement leur vie.

« Elle a créé l'Œuvre de Sainte-Chantal en faveur des ouvrières, dans le but d'établir entre elles un lien de prières et d'assistance mutuelle pour les tristes jours de la maladie et de l'indigence.

« Cette vaillante chrétienne a reproduit admirablement, dans le monde, la pieuse Tertiaire par sa ferveur, par la simplicité de sa toilette, et par l'esprit de pauvreté qui lui imposait même des privations, pour donner plus largement à toutes les misères.

« Suivant son désir, exprimé bien des fois, elle a été ensevelie avec l'habit de l'Ordre et son crucifix entre les mains.

« Son nom, béni par les pauvres, reste un enseignement et un précieux souvenir d'édification pour le Tiers-Ordre. »

La nécrologie insérée dans le *Courrier des Alpes* du 10 novembre 1885, achève le portrait de Mᵐᵉ de Châtillon :

« Une douloureuse nouvelle est venue traverser, à Chambéry, les douces émotions de la fête de la Toussaint. A sept heures du matin, lorsqu'elle sortait de l'église de Notre-Dame, Mme de Châtillon avait été soudainement frappée de mort. Le coup avait été si rapide, qu'on n'avait eu que le temps de lui administrer le dernier Sacrement.

« Devant une si grande perte, nous ne pouvons qu'adorer le Seigneur. En dépit de leur apparente sévérité, ses desseins sont toujours pleins de miséricorde. Il n'a enlevé si brusquement cette âme d'élite que pour lui épargner la terreur des justes à l'approche du jugement, et pour l'admettre à la participation des béatitudes éternelles au jour même où l'Eglise en affirme les fortifiantes espérances. Du reste, ce sont des louanges, non des plaintes que l'on attend de notre plume.

« Toutes les vertus ont des beautés captivantes qui rendent l'âme pasticulièrement agréable à Dieu et aux hommes; mais la charité envers les pauvres a des charmes si ravissants, que le Saint-Esprit semble avoir pris plaisir à en relever l'excellence par des expressions magnifiques. Non seulement Il l'exalte, mais Il veut aussi que toute l'Eglise publie les libéralités du cœur compatissant, pour montrer qu'Il en conserve lui-même un souvenir singulier, et que les générations leurdoivent une mémoire éternelle.

« Il faut donc raconter la vie des héros de la charité, afin que la postérité n'oublie jamais leur bienfaisance, qu'elle l'admire, l'imite, et qu'elle en ait de la reconnaissance jusqu'à la consommation des siècles.

« Mme de Châtillon est une de ces chrétiennes dont les exemples resteront vivants parmi les hommes.

« La baronne Noémi de Châtillon descendait d'une ancienne famille du Dauphiné, non moins illustre par la noblesse des vertus que par celle du sang, les barons d'Anglejan. Mariée au ba-

ron Anténor Rambert de Châtillon, dont elle
embellit et sanctifia l'existence, elle devint
veuve le 14 décembre 1860. Elle avait quarante
ans.

« Fidèle à son époux, elle résolut de ne quitter jamais le deuil; et libre désormais de son
cœur, elle en consacra la dévorante activité au
seul amour de Dieu et des pauvres.

« Quarante-cinq ans durant, notre ville a été
témoin de ses œuvres. Aujourd'hui, chacun
la loue et proclame que sa vie est marquée au
coin d'une solide piété, jointe à une étonnante
charité.

« A observer, en effet, la pieuse Baronne,
soit dans sa toilette d'une simplicité exquise,
soit dans son intérieur si modeste et si ordonné,
soit dans la société dont elle savait remplir si
dignement les devoirs, soit à l'église, où chaque
matin elle s'unissait à Dieu par la prière et la
communion, soit au sein des nombreuses confréries dont elle faisait partie, on devinait une

les encourager et de les panser de ses mains. Il
faudrait un volume pour raconter les actes de
dévouement, souvent héroïques, semés par cette
vaillante chrétienne le long de ses courses de
charité.

« Un jour, elle apprend que de vieux parents
sont inconsolables de voir leur fils et leur soutien obligé de partir comme soldat. Par un
gracieux sourire et une bourse gonflée d'or
pour acheter un remplaçant, elle leur rend
l'espérance et le bonheur.

« Une autre fois, c'est une famille étrangère
écrasée par une adversité non commune, qui
lui est recommandée. Le père pensait à se tuer ;
le démon du suicide le poussait aux carrières
de Lémenc. Elle envoie un prêtre l'arrêter, lui
achète des outils de travail, habille et nourrit
huit personnes dont il est chargé, les sauve
tous du crime et du déshonneur.

« Aujourd'hui, elle fait entrer à ses frais,
dans un hospice, une veuve infirme, et prend

soin de faire élever ses enfants. Demain, c'est une mère qu'elle place en domesticité, et reçoit ses filles dans sa propre maison, en attendant de pouvoir les placer à l'Orphelinat ou à la Providence.

« Mais ce genre de bienfaisance qui s'exerce au jour le jour et sur les misères individuelles, ne pouvait lui suffire. De sa nature, l'amour est éternel, et c'est l'honneur de ce sentiment surnaturalisé par la Religion, d'avoir inspiré les fondations de patrimoines pour les classes indigentes.

« A l'Eglise catholique appartient cette gloire. Ce besoin de dévouement que la Providence entretient au cœur des meilleurs pour le soulagement des faibles, tourmentait Mme de Châtillon.

« De toutes les détresses, aucune ne la touchait de compassion comme le sort qui est réservé aux jeunes filles pauvres et condamnées à grandir sans instruction ni éducation, sans métier ni dot, et parfois sans croyances ni pratiques religieuses. La perspective de cet avenir la déchirait. Elle consulte le directeur de son âme, et, de la volonté de parer à ces dangers, naquit l'Œuvre de la Providence.

« Il est vrai, les bases de cette Œuvre existaient à l'ombre de l'Orphelinat des filles, fondé au Reclus, en 1724, par Mme la marquise de Faverges, et transféré, dans ce siècle, au faubourg Montmélian, dans le clos de l'ancien couvent des Carmes. Mère Thérèse et Mme Rey en avaient jeté les premières assises en 1846. Mais pour la faire surgir de terre et ouvrir de larges portes à l'enfance, il fallait une fortune, un esprit élevé, un noble cœur : Mme de Châtillon donna 150,000 francs ! Un bâtiment annexe fut construit avec vastes salles pour ouvroirs, dortoirs et dépendances. Les Sœurs de Saint-Joseph furent chargées de l'enseignement. Le premier Aumônier résidant fut installé dans la maison qu'elle avait fait construire pour lui. Et comme il convenait

bien d'offrir au divin régénérateur de l'enfance
un don de joyeux avènement, la chapelle se vit,
par ses soins, successivement ornée de fresques
élégantes et de riches ornements.

« Nommée, par le Ministère, directrice à vie,
la généreuse fondatrice prit au sérieux les fonctions de sa charge, et, jusqu'à la fin, nous
l'avons vue s'occuper de sa nombreuse famille
et des moindres détails qui devaient en assurer
la prospérité.

« Si avide qu'elle fût de se donner, on pouvait croire son cœur satisfait. Il n'en était rien.
Au sortir de la Providence, outre l'éducation
chrétienne et l'instruction primaire, les jeunes
filles possèdent un état qui leur permet de gagner honorablement leur vie. Les voilà donc
dans le monde, lui apportant leurs forces et lui
demandant, en retour, aide et protection.

« Mais, hélas ! combien sont victimes de leur
confiance ! Il y a, de nos jours, une conjuration
du mal contre la vertu. Des sociétés se sont

s'avance en presqu'île dans le lac du Bourget, comme une cellule de recueillement, de verdure et de lumière, elle partageait ses jours entre la prière, le gouvernement de ses intérêts fonciers, l'édification de ses gens et la charité sous toutes ses formes.

« Qui n'a pas eu recours à elle et qui n'a pas profité de sa libéralité, depuis le tendre enfant jusqu'à ces graves personnalités qui se nomment le Conseil communal et le Conseil de fabrique ? Chindrieux peut se glorifier justement de sa superbe église et de ses belles écoles. Mais ces édifices des pauvres ne font-ils pas l'éloge de la bonne châtelaine ? Par un dernier don, elle fonda une Mission et assura l'avenir de l'école congréganiste des filles.

« Voilà, en raccourci, le faible tableau des œuvres de celle à qui notre ville faisait, mercredi dernier, de si triomphantes funérailles.

« N'était-ce pas justice ?...

« Maintenant, qu'elle repose en paix à côté

de son époux, sous la croix de son Rédempteur bien-aimé. On a dit que l'oubli était le linceul des morts. Hélas! pour beaucoup, c'est, en effet, le dernier suaire. Mais, pour cette grande morte, la reconnaissance publique l'enveloppera d'un impérissable souvenir de vénération.

« Et si jamais quelque plume entreprenait de composer un ouvrage sur l'apostolat des pieuses femmes à Chambéry, la postérité lui ferait un devoir de placer aux premiers rangs *la vraie veuve*, la mère des pauvres, la fondatrice de la Providence et de la Société de Sainte-Jeanne de Chantal, Madame la baronne Henriette-Noémi de Châtillon. »

ÉPILOGUE

Ma gerbe est achevée. L'un après l'autre, j'ai glané, parmi les œuvres de mon héroïne, tous les épis que j'ai pu dérober à sa vigilante humilité.

Le lecteur conviendra qu'ils méritaient d'être réunis, groupés, liés en faisceau et présentés au public.

Un mot pour finir.

Mme de Châtillon s'était appliquée à semer dans l'ombre : sa moisson a grandi pour l'histoire.

Jalouse de n'être vue que de Dieu, elle sera louée par l'assemblée des Saints.

Au mépris d'elle-même, elle enfouissait dans un oubli, qu'elle croyait éternel, les richesses de son dévouement à tous, et il ne fallait rien moins que la mort pour découvrir les trésors de sa vie.

Mais sur sa tombe, on le voit, ses œuvres se sont levées : elles proclament ses éminentes vertus et couronnent son front de l'auréole de l'immortalité.

Qui se humiliat exaltabitur.

TABLE DES MATIÈRES

TABLE DES MATIÈRES

CHAMBÉRY, IMPRIMERIE C. DRIVET

www.ingramcontent.com/pod-product-compliance
Lightning Source LLC
LaVergne TN
LVHW010728060726

842527LV00002B/228